君子之道

王岳川

教授解读 《大学》《中庸》

传统文化 经典 当代 名家解读

读典

中国青年出版社

（京）新登字083号

图书在版编目(CIP)数据

君子之道：王岳川教授解读《大学》《中庸》/北京新知堂传媒
科技有限公司策划. —北京：中国青年出版社，2016.7
(传统文化经典　当代名家解读)
ISBN 978-7-5153-4374-7

Ⅰ.①君...　Ⅱ.①北...　Ⅲ.①儒家②《大学》—通俗读物
③《中庸》—通俗读物　Ⅳ.①B222.1-49
中国版本图书馆CIP数据核字（2016）第173585号

出版发行：中国青年出版社
社　　　址：北京东四十二条21号
邮政编码：100708
网　　　址：www.cyp.com.cn
编辑电话：(010)57350508
责任编辑：宣逸玲 xuanyiling@126.com
门 市 部：(010)57350370
印　　　刷：三河市君旺印务有限公司
经　　　销：新华书店

开　　本：700×1000　1/16
印　　张：11.5
插　　页：2
字　　数：150千字
版　　次：2016年8月北京第1版河北第1次印刷
定　　价：36.00元

编者的话

中华文化博大精深，国学是中国文化的精神与命脉，也是中华文化传承数千年的重要载体，蕴藏着中国五千年历史中的智慧精髓。国学经典不仅是中国悠久传统文化的明证，也是每一个中国人的立身处世之本，更是我们不可或缺的精神力量。国学经典中承载的"仁义忠恕孝悌礼信"的道德伦理观，构成了中华传统文化的核心价值体系，对于我们处理人与人、人与社会、人与自然的关系，至今仍具有现实指导意义。全国各地许多中小学校正在青少年学生中开展国学经典诵读活动，倡导青少年学生学习国学经典，让这些传统美德根植于青少年学生幼小的心灵，这也是提高他们人文素养的重要途径。

当今这个全球化时代，不光需要西方的律法精神，也需要东方的德教智慧，人类的未来不能由哪方面单独说了算，而应该由全世界最聪明睿智的至诚之人说了算。中国在科技、军事、经济、文化的崛起，必须立足于自己扎根的土地，从自己原点上的崛起才是真正的和平崛起。

国学经典已经流传了几千年，不得不承认现代人阅读起来确实有点困难，尤其是青少年，需要加以适当的辅导。《传统文化经典 当代名家解读》丛书精选《考试在线》电视频道"国学大讲堂"栏目中的国学书籍，由知名教授以严谨的治学态度和广博的知识积累娓娓道来，深入浅出地普及国学经典的学术主张、精神境界和对后世的影响。

不同于市面上的国学书简单的古文今译，《传统文化经典 当代名家解读》丛书着重致力于由大师以深厚的功力对国学知识通俗易懂的解读，力求做到雅俗共赏，还专门针对青少年的特点，特别增加了许多图片和小故事,讲了很多典故和成语的来龙去脉,读起来趣味横生,不仅让人觉得长知识,而且读起来毫不费劲,能读得进去,原来读国学也可以不用那么认真严肃的。

目 录

子曰
君子之道

《大学》

第一章　为什么要学习《大学》

《大学》在中国古代被称为汉学，到了宋以后称《大学》。作为中华文化经典《四书》的重要组成部分，《大学》《中庸》千百年来对中国人的思想有着深远的影响。

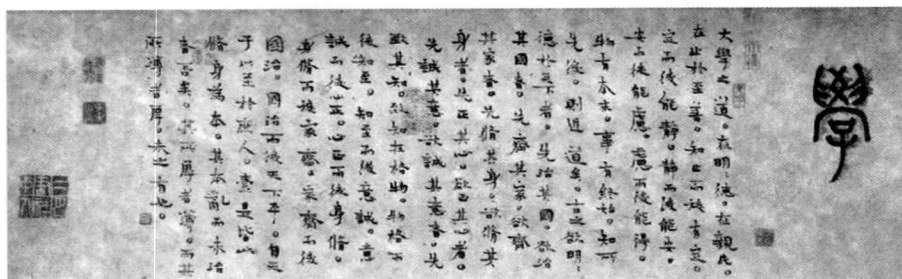

《大学》究竟是一本什么样的书呢？其实它最初不是书，它是《礼记》中的第四十二篇。《礼记》是先秦的古籍，是由两汉经济学家戴圣就自己的见识和加一些文献的收集后整理而成的一个总集，《礼记》就是人们应当遵守的礼节、仪式的记载。

《礼记》在最初的时候地位并不太高。儒家经典一般包括经、传、记。第一是经，就是经典、座右铭、指导思想、纲要；第二是传，就是对一些重大的事件、人物加以阐释；第三是记，《礼记》

戴圣

郑玄

最初其实仅仅是一种记载。在东汉末年经济学家郑玄把《义礼》《周礼》和《礼记》这三礼合并为《三礼经》以后，《礼记》就从记上升到经的地位，变成了儒家经典。

经：经典、指导思想、纲要

传：阐释重大的事件、人物

记：记载

义礼
周礼 ———— 三礼经
礼记

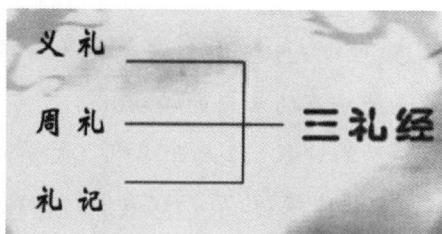

《大学》《中庸》两篇是《四书》的重要组成部分，并被奉为儒家的经典著作，影响了中国封建社会后期七百多年的读书人。从汉代开始，印度的佛教传入我国，到南北朝隋唐时期，信仰佛教的人越来越多，佛教的消极方面也越来越明显。为了反对佛教，唐代著名学者韩愈就提出了以《大学》为纲领的理论体系，用《大学》的"修身、齐家、治国、平天下"的思想来抨击佛教中只讲个人修身养性的原则。韩愈的学生李翱也推出了《中庸》学说来和佛教对抗。他们开始把《大学》《中庸》提高到与"六经"同等的地位。到了宋代，由于当时理学思想的需要，《大学》《中庸》的"格物致知"、"修齐治平"和"中和"的处事思想进一步受到重视，而这些又与朱熹的努力是密切相连的。

朱熹在《大学》的开篇之前有一段提示，而且是引用他人的话来说明自己的观点。朱熹说，子程子曰：《大学》，孔氏之遗书，而初

韩愈画像

朱熹画像

学入德之门也,于今可见古人为学次第者,独赖此篇之存,而《论》《孟》次之,学者必由是而学焉,则庶乎其不差矣。

子程子曰,前一个"子"是老师的意思,后一个"子"是古代对男子的一种尊称,就是程颐。老师程颐说了这样一段话,《大学》是孔子留下来的书籍,但今天认为是孔子的门生留下来的书记,是最初开始学习读书,进入道德修养的入门的读物。今天可以看到古人做学问,有一个先后开端和总结的过程。谁是开端呢,《大学》就是进入学问的第一篇,叫开端入门之学。其次读《论语》和《孟子》,当然最后是读《中庸》,学习知识的人要沿着《大学》所说的次序去学习,这样眼界必然高,心境必然明,而且是读书循序渐进,最后道德修养境界就应该是差不离了,就不错了。

这个开篇表明了《大学》这本书的重要性,它可以说是进入一个广阔领域的第一站。朱熹继承并大大发扬了程颐的思想,第一次把《大学》《中庸》与《论语》《孟子》一起合成了《四书》,还倾注了大半生的心血做《四书》章句集注。于是《大学》这篇短短的两千字左右的论文就变成了一本书。

尽管《大学》很短,但绝不能小看。朱熹说,某要人先读《大学》以定其规模,次读《论语》以立其根本,次读《孟子》以观其发越,次读《中庸》以求

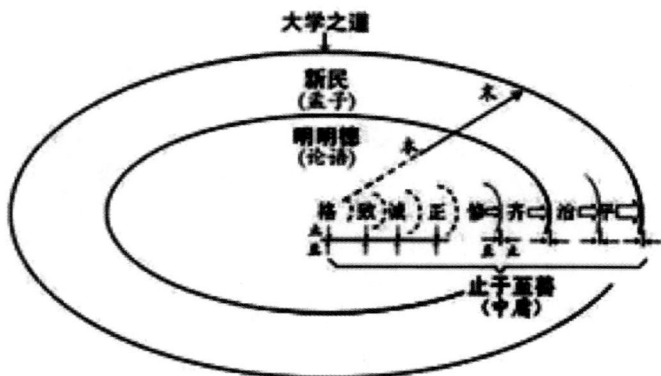

《大学》与《四书》关系图

古人之微妙。《大学》一篇，有等级次第，总作一处易晓，宜先读。这就为我们指出了读《四书》的先后顺序，而《大学》更是集中体现了儒家的思想，经过朱熹的努力，《四书》的经典地位逐渐确立起来，并从此开始风行。

元仁宗皇庆二年（公元1313年），《四书》被官方定为科举考试的教材。明朝永乐年间，官修《四书大全》并颁行天下，作为士子的标准读本，科举考试又以它为出题的依据，并以朱熹的《集注》为标准答案。清代的康熙皇帝、乾隆皇帝都曾经亲自抬高《四书》的地位，从此以后《四书》成为中国民间最普遍的读本，深深地影响了中国封建社会后期七百多年间的读书人。

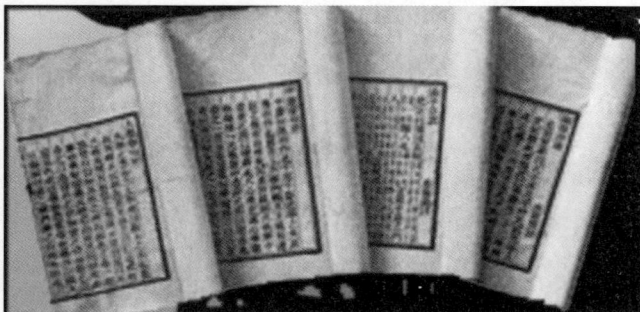

《四书》

曾参

儒家思想在《大学》里体现得很深，一般认为《中庸》是子思做的，而《大学》在文笔上没有《中庸》那么成熟，可能是曾参及其弟子们做的。

为什么说《大学》是曾参做的？关于《大学》的作者，按照传统的说法是曾参。曾参，字子舆，春秋末期鲁国人，生于公元前505年，他和他的父亲曾点都是孔子的学生。曾参本人是孔子的得意弟子，学识渊博，曾提出"吾日三省吾身"的修养方法，世称曾子，后世尊称为"宗圣"。曾子以孝著称，二十四孝中的"啮指心痛"讲的就是曾子的故事，曾参的"孝"和"修身"、"齐家"的《大学》思想相得益彰，同时史料也证明，《大学》的作者正

是曾参。

啮指心痛

曾子对母亲非常孝顺，少年时家境贫寒经常上山打柴，有一天家里来了客人，母亲不知所错，就用牙齿咬自己的手指，曾参忽然觉得心痛，知道母亲在呼唤自己，便背着柴迅速返回家中，跪着问母亲怎么了，母亲说："有客人忽然到来，我咬手指盼你回来。"曾参于是出去见客人，以礼相待。

啮指心痛

《大学》的意义是什么？现代的大学与古代的大学有什么差别呢？

朱熹《大学章句序》说："大学之书，古之大学所以教人之法也。"这表明作为《四书》之一的《大学》与古代作为高等学府的大学（即"太学"）有着密切的联系。古代有大学，也有小学。小学在中国古代一般是八岁入学，今天是七岁或者六岁就入学。大学在中国古代十五岁就算是大学，因为所谓大就是长大成人之学，今天在大学前又增加了中学，所以一般是十八岁入大学。

小学学什么呢？朱熹说："人生八岁，则自王公以下，至于庶人之子弟，皆入小学，而教之以洒扫应对进退之节，礼、乐、射、御、书、数之文。"学学扫地搞清洁，学学跟大人进行对话，懂礼貌懂得进退，当然还要读一些具有修身养性的一些儿童读物，还要包括骑（驾车）、射箭以及算术，还有书法等等。

　　大学要做什么呢？朱熹认为："及其十有五年，则自天子之元子，众子，以至公卿、大夫、元士之适子，与凡民之俊秀，皆入大学。而教之以穷理、正心、修己、治人之道，此又学校之教，大小之节，所以分也。"大学要做的就是"格、致、诚、正、修、齐、治、平"，一句话，"大学之道，在明明德，在亲民，在止于至善"。

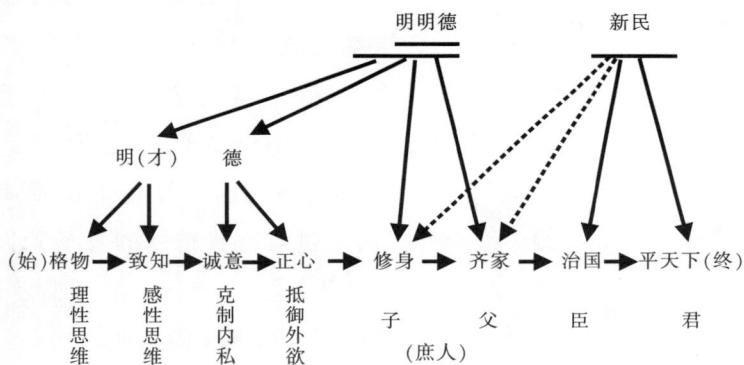

大学之道分解及始终递进图

　　《大学》的思想影响了中国人千百年，"修、齐、治、平"的儒家思想在飞速发展的今天也还照样有用，儒家思想在今天这个战争、灾难、瘟疫和人的精神生态失常的情况下有着极其重要的意义。

　　第一，儒家的思想是对人的文化心理结构的一种改造。因为它是向内心去发掘自己的，就像我们所说的"扪心自问"或者"致良知"，要拿出你的良心、拿出你的本真的知觉来谈论这个事情。并不是你获得了千千万万的财产就可以变成一个伟大的人物，正好相反，儒家思想认为颜回的高尚就在于他的清贫，清贫并不意味着一种德行的低矮。

　　第二，儒家思想尊重历史，尊重教化，尊重道义。今天是一个消费主义社会，全球化中消费主义甚嚣尘上。人人都想把自己变得更加幸福，这没错。但是消费主义是超越自己的支付能力而过分地向这个社会攫取，

去获得那些非礼之财、非义之财以及自己永远花不完之财，使得多少人锒铛入狱，使得多少人为此付出了生命代价。就这一点来说，清贫持重、坚持道义的思想并没有过时。

法国作家、哲学家萨特

第三，儒学思想突出了个体精神的修养，它对于这个社会的和谐发展非常重要。萨特说过："他人就是狼，如果我们每一个人都变成一个损他利己的人，都把这个社会变成一个疯狂攫取，去拿来而不劳而获的这么一个人，这个社会有安宁吗？"如何渐渐克制自己的欲望去供奉一份公心，如何通过对自我精神的发扬光大去有利于这个世界、这个社会的和谐发展，这是儒家思想不可泯灭的东西。

既然儒家思想在当今社会仍然有着重要的意义，那么我们应该继承其中的哪些内容呢？

先秦儒家，又称为原始儒家，孔子、孟子包括《大学》《中庸》思想是其代表，先秦儒家健康、清新、平等对话的思想，以及"忧道不忧贫"、"吾养吾浩然之气"的思想，在今天更应该发扬光大，这对全人类都有意义。这其中也包括《大学》的作者曾参的诚信品德，"曾子杀猪"的故事体现了先秦儒家质朴清新的思想，这种思想对后世影响深远。

曾子杀猪

《韩非子·外储说左上》记载，一次曾子的妻子允诺儿子说，赶集回来以后要杀猪给他吃，但是后来又舍不得杀，还说是和小孩子闹着玩儿的，曾子知道以后，狠狠地训斥妻子道："你这是教儿子骗人，母亲欺骗儿子，儿子就不相信母亲，这怎么能教育好儿子呢？"然后亲自杀猪以兑

曾子杀猪

现诺言。

到了两汉以后,它就变成了两汉经学,所谓"经",就是把它神圣化和宗教化。一个活生生的具有生命力的原生态思想,经过一种组装变成了一种适宜当时的政治需要的宗教性的教化思想,问题就随之出现了。

到了宋明理学以后,它又变成了更多的哲学的思想,变成了很多知识分子所探讨的"内圣外王"的一种过程,所以也出现了一些偏激的诸如三纲五常、封建礼教、诸如像鲁迅说的吃人的教化礼教等等。但这些板子不应该打到孔子、孟子身上,这些发生在宋代、明代以至于在清代的这些事情,比如束胸、缠足、守寡不能改嫁等等,不应该算到孔子身上,不应该算到先秦的那种"天行健君子自强不息"的思想身上。

《大学》的思想对一个民族、一个国家、一个个体究竟有什么样的意义呢?如果说现代大学主要强调的是人的一种全面发展,那么古代中国的大学主要还在于它的道德的内在心性的发掘,二者是有区别的。今天这个全球化时代,我们为什么却要读先秦的经典,要重新重视儒家、道家的思想?在全球化的今天,我们仍然需要重温儒家的经典著作,关键的原因在于西方和东方对于全球化的理解有重大差异。

西方人提出,全球化就等于同质化,就是整个世界完全一样。我们追问一下,如果西方人或者是美国人的思想就等同于全世界所有人思想,

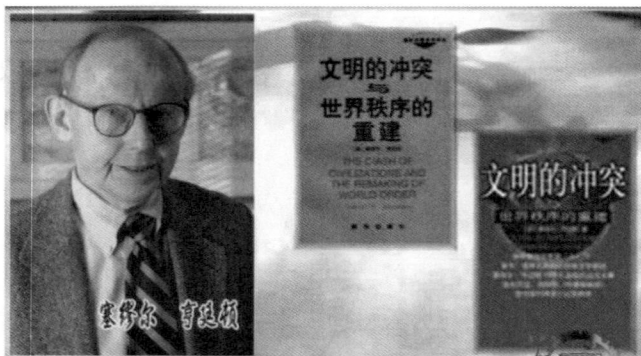

美国人的娱乐方式、波普文化就等于全世界各个民族的游戏或娱乐的方式,西方的所有的思想、宗教都变成全球化的,你不觉得这个世界太枯燥乏味了吗?你不觉得这个世界太过单一了吗?确实如此。

美国思想家亨廷顿提出,二十一世纪将是基督教文明与儒家文明的冲突。谁是儒家文明代表?中国。

中国的儒家思想和基督教文明的冲突难道是不可避免的吗?如何才能避免文明的冲突?可能有人会说全球化等于慢慢学会尊重差异并且走向差异,这话不错,但是该怎么走呢?这些老玩意、老东西、老经典不是已经被边缘化了吗?西方世界玩波普文化、行为艺术或解构思想已经非常玩得开心了,还用得上吗?不要悲观,不管是西方还是东方,只要它们曾经为人类的思想史提供过重要贡献,为人类的童年成长到长大变成一个真正的铁汉提供过真正的精神营养,都值得尊重。

文明能够得以传承,很重要的一个原因是它可以启发人们解决现实中的问题。当今社会中突出的问题有哪些呢?联合国教科文组织是一个值得信赖的组织,它向全世界公布了三个触目惊心的"百分之一"。

第一个"百分之一"是精神病,精神病在过去并不是很多,而现在一百个人当中就一个人精神不正常、精神失常、精神忧郁症。

第二个"百分之一"更加可怕,一百个人就有一位艾滋病或艾滋病携

带者,联合国教科文组织指出,全世界已经有六千万艾滋病和艾滋病携带者,占人类的六十亿的百分之一,应该怎么理解,它其实说明了人们的生活方式,我和他人、我和社会、我和世界,甚至我和自我的关系,发生了重大的问题。

第三个"百分之一"是自杀率百分之一,这非同小可。现代化、现代性给予全世界人们的承诺是人人幸福,人人过上好日子,为什么却出现了三个百分之一。我所在的北京大学,尽管人文科学非常丰富,但是最近几年自杀率也慢慢高了。几个月以前我所在的中文系,一位女同学由于心情极度不好,从楼上跳了下去。

人类的精神需要真正的文化来疗治,否则人类今后赚得了整个世界,把钱包赚得鼓鼓的,但是他失去了自己的灵魂,失去了自己真正的幸福感。在这个意义上,我们要重新提问大学的意义究竟何在,古代和今天都在追问这个问题。

大学意味着什么呢?汉代的郑玄说:"大学者,以其记博可以为政也。"今天人们又是如何理解大学的呢?清华大学的校长曾说:"大学者,非大楼之谓也,有大学者也。"并不是一个大学里修了很多大楼就叫大学了,相反是"有大师之谓也"。什么叫大师?德高望重、学贯中西、眼光深邃,,把自己的知识贡献给整个世界,提升人类的精神层次和精神境界,这才叫大师。这种说法和古代的大学有内在相通之处。今天世界性的大学里学生空前增多,但是灵魂的问题,精神空洞问题,还有精神缺钙问题,都值得我们深思。

学术者,天下之公器。什么叫天下?什么叫公器?今天有多少学者、有多少大学生心里还装着"天下"这个词?这是一个很值得怀疑的问题。在这个时候,重温中国经典《大学》的意义就浮现出来了。

第二章 《大学》中的"三纲"

对传统文化经典,我们不能囫囵吞枣,也不能望文生义,要进行细读,细读是阅读中国古代经典的一种好方法,通过文本的进入,对一些具体的字、词、句、章加以深刻的了解。

《大学》之道有三个纲领,也有人称为三纲。

大学之道,在明明德,在亲民,在止于至善。

不到二十个文字,解释起来相当不容易。字面上没有太大的难度,但要明白字背后的深刻的精神,还要下一番功夫去琢磨。

大学三纲
在明明德
在亲民
在止于至善

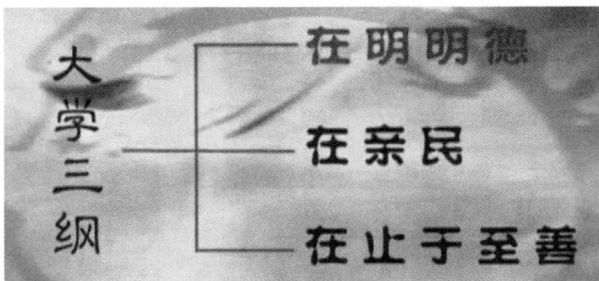

"大学之道"是什么呢?"大",就是成人的仪式,十五岁成人了,就要进到更高一级的学府中去学习了。当然现在是十八岁。这里不仅包括大学生,还包括一切长大成人的人。"道",不仅有道路的意思,也有所谓"大道之行,天下为公"的"道",这个"道",已经从形而下的具体的道路,升华成形而上学的思想。我们知道老子的《道德经》喜欢说道,其实儒家也喜欢说道,儒家的"道"主要指的是道理、宗旨,包括规律。这里特别要强调,这个"道"指的是宗旨,办大学的方针、读大学的要求和成为大学生的自我规范。

第一个纲领,"在明明德"。第一个"明"是动词,明白、彰显、弄清楚。第二个"明"是形容词,明亮的、光大的、高迈的。"德",指德性,品德和个人修养。"在明明德",就是要去明白、去弄清楚并且彰显人人内心原来就有的德性,正如儒家所讲"人之初,性本善",就像赤子之心一样,人生下

来不是恶的。长大了以后,有的人变成了很好的青年,有的人变成了罪犯、恶人,为什么差异如此之大呢?原因就在于后天的社会鱼龙混淆,近墨者黑,近朱者赤。因此,环境和人心、教育的背景和人的本善的关系出现了。

儒家的"人之初,性本善",讲的是人刚生下来并不是恶的,长大后的改变是由后天社会影响所造成的,德性是否能得到彰显,与环境有着密切的关系。对于这个问题,西方的哲学家也在做着同样的探索,存在主义哲学家就告诉我们,人在世界当中要面对四重问题。

第一,人与自我。这个"自我",文艺复兴以后,人就像一颗会思考的芦苇,会把自己生成为一个伟大的光辉的形象。人与自我的问题很难弄清楚,因为弗洛伊德告诉我们,人不是神,不是万物的灵长,人恰好还有一根猴子尾巴,人的本能使得人充满了欲望。

第二,人与他人。真正的损己利人的人很多吗?看到过满街都是圣人吗?很少。人和他人构成了一个社会的主要元素,很多人喜欢损人利己,甚至损人不利己,人和他人这个纬度也不好走。

第三,人与社会。今天的中国独生子女多,很多人认为自己在家里是父母手上的明珠。但在古代,上有哥哥姐姐,下有弟弟妹妹,还有侄儿、表姐表妹等等,一个家庭就是一个小社会。在一个五世同堂的家族里,要把这个家族的关系弄清楚,找到自己在其中的位置,知道如何进退,也是非常难的。

最后,人与世界。康德说:"我的头上有满天星空,我的心中有道德力量。"今天的世界,不仅有中国,有汉字,有儒家经典,还有佛家经典、道家经典,还有欧洲,还有美国,还有你喜不喜欢和读不读得清楚的英语、法语、德语,世界之大,很难。而要把自己内在的光辉发掘出来,对这四重天,确实很难。《大学》的意义在这里就显现出来了,"在明明德",我们相信,通过良好的教化、修养、陶冶,一个人能够把他内在的那个清静无染

的本性发展出来。"大学之道,在明明德",其实就是一种自我的启蒙,洗掉那些糊涂油蒙了心的那些蒙蔽,把美好的东西启发出来。

"大学之道"的第一个纲领"明明德",主要强调的是自我启蒙。

第二个纲领,"在亲民"。

程颐先生认为:"新者,革其旧之谓也,言既自明其明德,又当推己及人,使之亦有以去其旧染之污也。"

"在亲民",就是推己及人,使人人都能去除内在的心灵的污染和蒙昧,变成新的人。亲民的意思就是推而广之,这正是知识分子和大学教育的一个重要的功能。它不是独善,是兼善。它不是让自己变得十分完美,而是让天下因为这一批觉悟了的知识分子而变得更加完美、更加少污染。很难,不是说你启发自己很难,而在于你要把自己的思想变成他人的思想很难,要变成被他人认可的思

程颐画像

想就更难。当面对一些人的内在已经是固若金汤的偏见,完全不能接受任何教育的春风化雨,总是抱着一种真正的自己、自我、固我、本我的顽固不化的思想,你怎么去教化他。

有人说不会这么难?

一位13岁的小女孩获得了国际钢琴比赛的金奖,而且只要参加级别高的比赛她都可以获奖。她的父亲在她领奖的时候痛苦地说:"唉,我对不起我的女儿啊。"大家都不明白这是为什么?父亲接着说:"因为她从3岁开始练琴,到现在13岁了,没有逛过一天的公园,没有和小伙伴做过一次游戏,相反的,在整整十年间,我打了她400多个耳光。"

有很多孩子的学习都是父母亲打骂出来的,一个父亲要去推己及人、春风化雨都很难,你还想要去进行大学的教育,何其难哉?所以,人们

在否定知识分子启蒙功能的时候，其实没有注意到，我们的启蒙做得很不够。这个启蒙是双重启蒙，先启蒙自己，再启蒙他人。

第三条纲领，"在止于至善"。关键词"止"出现了。按常规来说，"止"就是停止、终止。设想一下，一个小朋友不知道开水会烫伤人，他用手去摸，会怎么样？一个小孩子，他不知道电要触死人，他敢用指头去捅电门，会出现什么样的场景？知止是对自己很高的要求，就是知道进退和利害。"止"是指去掉那些杂欲，有所不能而有所能。知止，这里我们可以把它称为达到一种最高的善，就是精益求精，达到最完善的地方。这很不容易。"止于至善"，你首先要知道什么不做，同时正是因为有所不为而有所为，要去做，而且要达到最完美。都说德国的产品不错，像奔驰、宝马等等，什么原因呢？是德国人那种精益求精的态度，甚至到古板和冥顽不化的程度。他们的一辆车，在出厂的时候，检测人员在车的表面漆上发现了比芝麻粒还小一点的一块不太平的油漆，可能在很多人看来，马马虎虎，随随便便，敷敷衍衍，这就可以了，这么大一辆锃亮锃亮的车，这么一点点的微疵有什么关系？不，他们要把所有漆去掉，全部重漆。你想想看，这么一小块漆都如此认真，对他的整个机器、机件、传动机，当然更是精益求精。

"明明德、亲民、止于至善"是《大学》的三纲，指把内在的欲望去掉，彰显美好的品德，推己及人，普及天下的真正的友善的思想，而且精益求精，达到至善，这是多么难能可贵的思想。怎样才能去实现这三个纲领呢？

"知止而后有定，定而后能静，静能后能安，安而后能虑，虑而后能得。"

"知止而后有定"，前面解释了"止"，知道所止，知道不做什么而做什么，知道了目的所在，意志才会有定力。"定而后能静"，意志有了定力，心才能清静，才能安静下来。"定"指定力。如果今天刮东风就往东跑，明天刮西风就往西跑。这样的人就变成一个浮躁的随风飘荡的人。定力极为

重要，心才能清静下来。为什么要清心？内心的余念、杂念太多，人在社会上就会变得非常浮躁，浮躁的结果就可能出现内在的一些疾病，这个疾病在精神上就是妄动。什么叫妄动？就是不按规律去动，不按现实的条件去动，执意按照自己内在的奇思妙想去动，甚至超越了现实的条件去动，不懂进退，不懂秩序，不懂得给自己定位，这样的结果当然是儒家所不愿意看到的。做到心不妄动，在环境中才会处于一种安适的状态，即一种安逸舒适、激发自己的灵感和创造力的阶段，不同于随遇而安，安适是一种主动去寻求的心不妄动、身不妄动、心安理得的状态，要做到这样的状态很难，能随不同的环境、不同的地点而做到心安，才能处事思虑周详，就是想问题很周详，而且一旦定下来就不再变。能够思虑周详，才能达到至善的境界。只要思虑周详就能够达到至善的境界吗？难不难呢？很难。当然，历代都会有人认为他自己做到了。

有一个人值得一提，这个人并非儒家，而是德国的哲学家康德。康德在《伦理的基础》中提出一个他自己认为极为关键的命题，就是四个字"不许撒谎"。"不许撒谎"的"不许"就是止。

有好事者问康德，如果杀人犯逼上门来，逼迫你说出朋友藏身的地方，如果你不撒谎，把朋友交了出来，那你不就成了一个助纣为虐、跟杀人犯同谋的人吗？康德痛苦地思考了很长时间，最后还是说"不许撒谎"。为什么呢？他说如果是为了救朋友而撒谎，好像这个事情是合理的，但如果撒谎变成了人类的本性，如果撒谎变成每一个人都必须要去做的事情。你今天撒了一个谎，明天就要用十个小谎或大谎去圆前面那个谎，后天就用更多的谎来把前面这十几个谎给它自圆其说，人类的撒谎就变成了本性。人

德国近代哲学家康德

就变成一个撒谎的动物。

这是康德的想法。没有什么条件可讲,没有什么原则可以出卖,这是作为人的至善的要求,他的心定、心静、意志力、思虑周详、最高的至善的境界都和"不许撒谎"这四个字紧紧相关。也许这一次他的朋友因为他不撒谎而死了,但他维系了人类的不撒谎的权利和尊严。

"定、静、安、虑、得"是对于精神的意志力的内在的制约。但是现实的很多问题并非这么简单,有一些外在的条例,当你觉得自己思虑周详,已经做到尽可能减少牺牲的时候,却可能触犯了另一部分的东西。

一艘船在海上航行,船上有一名船长和七名水手,以及八十多名旅客。途中遇到了大风浪,由于超重,船马上就要翻了。船上能扔的东西都被扔进了大海,但还是超重。为了保证更多人的生命安全,船长决定把八名胖旅客扔下了大海,船最后顺利靠岸了。但是一上岸,船长就被起诉为一级谋杀罪。

法庭上展开了激烈的辩论,双方争论不休。一部分人认为,正是出于人道主义,这位船长以最小的牺牲换来了八十个人的生命。但那八位去世的旅客的家属却不这么认为,他们根据另一条原则,一个人没有任何权利去判另一个人的死刑,没有任何可能性去叫另一个人去死,他在人的天平上是不合法的。如果这个事情放在真正的儒家,或者有觉悟而启蒙过的一些人身上,可能就会说,那八位船员应该自己跳下去。但如果船员都跳下去了,那船上的八十几位旅客肯定就会被大海吞没。《大学》所谈到的几个达到纲要的步骤是很难做到的,也是需要真正去做的。辩证法和现实的问题需要进入我们的视野,任何理论上的要求都有触及的范围的问题。儒家希望去掉杂念、彰明本心、寻觅定力,然后思虑周详,最后达到完善境界,仍然不失为一种不错的人们可以遵循的原则。

"物有本末,事有终始,知所先后,则近道矣。"这段话主要强调溯本正源,人总是会被一些支流末节的细微的东西吸引开来,忘掉了我们真

正的本原性的东西，忘掉了根本。

"物有本末，事有终始"，事情总是有开端，也有结束，这是常识。"知所先后，则近道矣"，要知道先后的秩序，要知道一个人先做什么、后做什么，要知道开端与终结，要知道什么是重要的、什么是不重要的，要知道什么是本原、什么是末流支节，要让人明白本心，然后去知道社会、世界、秩序的真正的方向。只有这样，才可能培养根本，才可能不本末倒置，才可能不坑害他人，同时也不再去抓蝇头小利而忘掉了自己的根本。正像《圣经》所说的，"你获得了整个世界，你获得了天底下所有的金钱，而你失掉了灵魂，你还剩下什么呢？"

第三章 "三纲"与"八目"之间的关系

"大学之道,在明明德,在亲民,在止于至善。"是《大学》的三纲,实现这三个纲要必须配以具体的步骤,接下来就讲八目,看看怎么通过八目达到三纲。

古之欲明明德与天下者,先治其国,;欲治其国者,先齐其家;欲齐其家者,先修其身;欲修其身者,先正其心;欲正其心者,先诚其意;欲诚其意者,先致其知;致知在格物。

天下、国、家、身、心、意、知、物就形成了一个谱系,并分别对应了八个相应的动词:平天下、治国、齐家、修身、正心、诚意、致知、格物。

欲明明德与天下者,先治其国。首先要治国,然后是齐家,然后是修身。天下、国、家可以称为新民知识,就是启迪民众的智慧,把自己所体会的东西传播到天下去。最重要的就是往里走,称为内圣。内圣,首先是修其身,修身在今天是一个常用词,人们觉得修身就是提高自己的教养,其实不完全,这里说的是修身主要还在于他的言行要一致,言语要谦恭,行动要合乎规范。

正心。每个人的额头上又没写着字,你怎么知道他的心正不正呢?所谓知人知面不知心,可谓知心难也。但儒家讲究要正心。正心的关键是诚意,诚意有多方面的要求,但是真诚性、本真性、真血性,真应该是诚意的关键。

致知。凡一事不晓皆为耻,皆觉得是自己的耻辱,所以要尽其所能去把握外在世界的各个方面的知识以壮大自己。

格物。格有多重含义。格斗的格,就是把一些不好的东西推开的。格,还有一个意思就是穷极,把里边方方面面尽可能精微地了解,去观照把握它。格物,在古代被人说得很玄,其实就是指去掉那些遮蔽眼睛的表面

现象,把握穷极观照的真实本质。

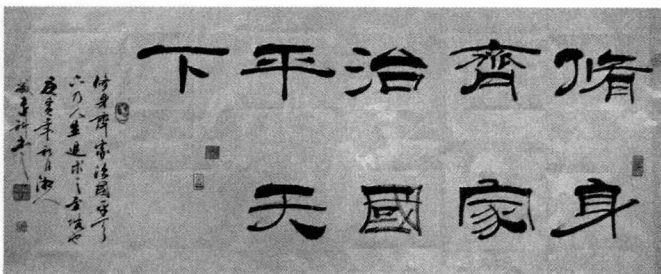

格物、致知、诚意、正心、修身、齐家、治国、平天下是《大学》中的八目,说起来比较玄,做起来也很难,《大学》后面的章节几乎都是在阐释这八目,阐释怎样通过八目而达到三纲。在中国人看来,这八目并没有过时,绝不是一种封建迷信的思想。

清代著名诗人、书法家何绍基的女儿要出嫁了,按理说何绍基并不穷,完全可以给自己的爱女很好的嫁妆,来显示自己的财富和对女儿的那种父爱。在出嫁的当天晚上,小两口本以为父亲会送什么像样的礼物或者传家之宝,于是便打开来看,可是打开一看,两人都惊呆了,原来是一个空空的箱子。再仔细一看,箱底写了一个"勤"字,新婚夫妇立刻就明白了,原来父亲是要告诉他们一个最根本的道理。

这个父亲送给女儿的礼物轻吗?很轻,一个书法家写了一个字。重吗?这个父亲把全部的父爱和对女儿未来的想像都寄托在这一个字上面。

鲁迅先生在12岁上学的时候经常迟到,而且还上课睡觉,于是老师便给了他严肃的批评,他立刻警觉并醒悟以后,就拿把小刀在自己的桌子上刻了一个"早"字,让它成为自己的座右铭,时刻提醒着自己,从此以后他再也没有迟到过,并且就这样勤勤恳恳地写作了一生。

好的座右铭,有的时候可以救治自己的劣根性,救治自己那些不好的方面。格物是尽可能去把握世界的本质,致知是自己去掉蒙昧而变得智慧起来,然后使自己诚其意,诚极为重要,然后正心,这个心就像一块透明的翡翠,就像一块宝石,经过了一种纯净的心灵的陶冶,才可能在言

和行上合乎君子的规范,才可能以君子的风度去齐家治国平天下。

家是国家的最小的细胞,家是个体安顿自己身体的一个基本单元。没有家,人将漂泊;没有家,国将不稳定。家和万事兴,所以儒家把进退有序、长幼有序的家看成是成年的仪式,人走向社会的第一步就是在家族里的言行的规范化。这其实是告诉人们,人是个体的人,他要参与进一个群体,这个群体首先就是家。

治国,有人说,国跟我好像没什么关系,国家是他们当领导的去治的,我就是一个小老百姓,我就是一个大学生,我想那么远干什么。不对,国家兴亡,匹夫有责,这是儒家的基本点。如果国将不国,家何为?人何在?国破家何在,城春草木深,在这个意义上,家和国紧密相连。

儒家的八目,尽管是历史的过去,有很多具体内容确实已经过时了,但是它对心性之学,对调养一个人的诚实、心诚、心正,见小利大利而不为不贪的方面,还是很有现实意义的。今天有很多人根本不重视自己的心性教养,缺乏自我的修养,变得贪婪无比,总是想方设法钻制度的空子,钻法律的空子,以饱私囊,但最后终将被绳之以法。

今天的新儒家提出内圣开出新外王的说法。内圣,就是格物、致知、诚意、正心和修身,这五大内容都是跟个体相关的,是修养之学。外王,就是社会制度、社会秩序,就是齐家治国平天下。说到心性调养、自我陶冶、自我提升、灵魂净化的过程,估计很多人都认为还是不错的,但谈到齐家治国平天下,他们就会大笑着说太腐朽了,完全不可能。确实是这样的,因为一个灵魂再好的人,如果没有一个良好的社会制度,他的好不可能被他人接受,不可能平等对话,不可能形成社会的良性的循环,制度需要公度性和合法性,好的健全的制度仍然需要建立,妄想用陶冶心性的方式来开出新外王是不可能的。在这一点上,新儒家有其局限性。

如果有一个好的制度,确实可以遏制人不犯罪,遏制人不因小失大,遏制人不懒、馋、占、贪、变和逐渐腐败,但是你不能保证他打着一种旗

号,在他自己内在教养不严的情况下,会有一天在身居高位的时候做出祸国殃民的事情。西方认为,只要制度好,不管什么样的人,把他放到好的制度当中去,什么样的官吏都可以治国,这也是不对的。东方强调心性陶冶,西方强调制度,这两个方面不要形成二元对立,而应该和谐对话。个体需要提升,灵魂需要净化,制度需要加强,制度和灵魂成为一种互动的圆融和谐的模式,这才是解决平天下、人类未来和谐的关键。

格物而后知致,知致而后意诚,意诚而后心正,心正而后身修,身修而后家齐,家齐而后国治,国治而后天下平。一个蒙昧的人,你要求他的意诚可能行,但是你要他完全消除私利是不可能的。只有智慧的人,才可能剔除内心的私欲,变成尽可能的公平、公正和善良,意诚才会心地端正,心地端正才会言行得体、修养得度,这样才可以把家做得整齐、规范、良善。有了这种经验,才可以推广到社会上去,变成治理国家的好官吏。国家治理以后,才可以使得天下太平,使人类的大同世界得以到来。就像中国古代所说的,从小看到大,不要以为小恶就可以做,小事就可以不在乎,小节就可以不断地犯错。往往细节可以决定成败,个人小时候的习惯可能会决定他一辈子的胜负。

苏东坡画竹

有一回,他看见画院中许多画家都兴致勃勃地在画墨竹,苏东坡便提起他公案上的朱笔画了一支朱竹(朱砂是红色)。画家颇为惊异地说:"世间哪有朱色竹?"苏东坡也反问道:"世间何见墨色竹?"他的同僚耻笑他,说你画竹时都没去仔细观察把握真实的竹。苏东坡说,我把握的恰好就是移其皮(表面现象)得其神(本质)的竹。正是因为他观竹仔细深刻,才可能画得出赤竹。苏东坡为什么用红色来画竹呢?那是他的心中之竹、胸中之竹、人格之竹、一片丹心之竹。

苏东坡,大家都知道他是书法家,写过天下第三行书;人人都知道他是诗人,写过非常好的西湖诗和其他很多诗;他是词人,写过"明月几时

有";他是一个大文豪,他的散文可是了得;他还是一个好官,在杭州为官的时候给万众留下了极其美好的印象,他离开杭州的时候老百姓集体相送。但没有多少人知道他还会画竹,而且他还画得不符合规范,我们知道竹子的颜色是青色、绿色,而他用朱砂的红色来画竹。

苏东坡和他画的赤竹

　　文同也画竹,他画的竹跟苏东坡不一样,他画的是弯竹。我们都知道,竹子是笔直往上的,是挺拔的,虚心劲节,高风亮节,他为什么要画弯

文同和他画的弯竹

竹？弯竹是文同心中情感意志之竹，哪怕是被压到了巨石之下，它弯着也还是要起来，昂扬向上，这是一种其九死而未悔、不屈服任何恶势力的知识分子的气节。

郑板桥也画竹，他画的竹子又不一样，从风吹过竹子婆娑的声音当中，他听到了民间的疾苦。观物很重要，观物的过程就在诚意、就在正心、就在推向社会、就在感受人间的冷暖和温情。

郑板桥和他画的《竹石图》

自天子以至于庶人，壹是皆以修身为本。

天子，就是最高领导者皇帝。庶人，就是老百姓。壹是，就是一切都是一样的。从最高领导人到平民百姓，都是一样的规则，都应该以修养身心作为自己处事的根本。修身为本，强调每个个体，乃至全民，乃至最高统治者，都应该是上行下效。有了群众的广泛的基础，才可能使整个民族提高修养、陶冶和提升灵魂，达到全民净化以后，社会才会进步，这是中国传统文化中的可贵的因素。

其本乱，而末治者否矣。其所厚者薄，而其所薄者厚，未之有也。

其本乱，而末治者否矣。你的根本是混乱的，你的本质是差的，你的本质出了问题，那些花枝招展的枝叶末梢还做得很金光灿烂，那就是一种表面的繁华，是一种掩盖不住本质的虚荣，只能掩盖一时，是维持不长的，成语"华而不实"、"外强中干"都是这个意思。

其所厚者薄，而其所薄者厚，未之有也。应该厚的心灵价值灵魂，却不厚；应该薄的，应该鄙视功名、鄙视利禄，鄙视那些欲望过分多的，却不去鄙视，不薄。一个人当厚不厚，当薄不薄，要想成功，要想成为一个很高尚的人，那是不可能的。追逐末流而舍弃了根本，追逐一些现象虚假而去否则本质的真实和灵魂的升华，怎么可以成为良善之人呢？

从大说到小，从天下说到格物；反过来，又从格物说到天下；然后再反过来说，你去追逐末流而舍弃本，追逐现象虚假而去否定本质的真实和灵魂的升华，想要成为一个良善之人，能去治国之人，那是不可能的。这说明个人的修养是很重要的，个人的修养是本，是一切事情的根本。没有这个根本，你做得越多，其实是在巩固那个错误。

教授学钢琴

我有一个教授朋友，是个成年人，正在辛辛苦苦地学钢琴，弹了一年以后，他到我家来切磋钢琴，当他手一触那八十八个黑白琴键，我就开始微笑，他说你笑什么，我说我不知道。等他弹了一会儿，我送了他四个字：巩固错误。我说像您这样的弹钢琴法，又加上你长年累月锲而不舍地巩固那个错误，你已经不可能弹好了，因为你离真实已经太远了。后来来了一位钢琴教授给他做纠正，果然应了我那句话。长久在一种错误指导思想之下锲而不舍地去练，越练背离那个本原越远。

中国儒家讲究以修身为本。一个情趣高尚的人，哪怕住到陋室，也可以写出《陋室铭》这样的好作品来，哪怕处于污泥浊水当中，也可以出污泥而不染。当然，我们今天不需要让高尚的知识分子住在那么恶劣的环境当中，可以改变环境，可以居其华屋而内心美好，这就是未来大众世界

的根本。

止,既是终止的止,同时还有居于、栖居的意思。止,告诉我们有些事是不能做的,到此为止,那是个底线,最后我们才可能心定。心定,就有一个远大的目标,目标坚定,无欲则刚,最后才会得。我们特别喜欢说两个字:舍得。有舍才能得,有所不为,才能有所为,这也许正是八目的关键所在。

三纲八目,有其美好的有生命力的部分,也有随着时代的发展而过时甚至僵化的部分,我们需要把那些本质的东西重新清理,推陈出新,对个人如此,对社会如此,对中国的历史文献同样如此。

第四章 "三纲"中的"明明德"

应该怎样理解"明明德"的道理呢？

康诰曰："克明德。"

《大甲》曰："故諟天之明命。"

《帝典》曰："克明峻德，皆自明也。"

短短的几条，就引用了这么多的古代文献，看起来很难，其实解释清楚了，也很容易明白。"明明德"就是除掉一己之私欲，把内心本有但却被现实所污染的不再宁静的德性发扬光大起来。这个光大，并不是孔子以后才出现的思想。在《大学》以前，周代的文献、商朝的文献、甚至讲唐尧的事情的《尧典》都有这样的思想。这就是六经注我，用前任来说明我的思想。

康诰曰："克明德。"

康诰是周代的文献，是周公代替了周成王，大诰治殷的方法。我们知道夏商周，周灭了商殷。这就有一个问题了，商殷灭了以后，殷代的遗民们在周代是不是被赶尽杀绝了？是不是被完全剥夺做人的权利呢？不是。周代是很有气象的一个朝代，也是一个讲理也确实颇有人性的朝代。周虽灭了殷，但是并没有把殷朝的遗民们全部消灭，而是感化他们，使他们成为新朝的人。如何感化呢？"克明德"。克，指能，能够，可以。这句话的意思就是可以去明德。明谁的德？先要明自己的德，让殷朝的遗民感受到自己宽容仁厚的心，然后以身作则，做让他们感动的事情。"克明德"，就是能够弘扬德性，并且让另外一个社会转化过来的人臣服。

《大甲》曰："故諟天之明命。"

"大"，在这里读"太"。《大甲》是商朝的文献，主要讲的是贤相伊尹规劝大甲，当年成汤顾念上天的灵明命令，敬奉上帝的神灵，善待百姓，安

抚天下,所以受到上天的垂帘,得到天下,所以应当仿效先王的行为,做出一种仁慈的样子,上天才会降下吉祥和平。"故諟","諟"指这,"故"就是目的所在。这句话的意思就是要顾念上天灵明的命令,敬奉上帝神灵,心要有所畏,不要成为一个霸主,不要成为一个凶残、目中无人、目中无物、目中无天的丧失了人性的人,要善待百姓,这样上天就会降下吉祥、和平、安宁。

《帝典》曰:"克明峻德,皆自明也。"

《帝典》指的是《尚书·尧典》。克明峻德。克就是能够、可以,明就是阐明、弘扬,峻就是大、恢宏。这句话意思就是说,能够彰明伟大的德性,是唐尧的事情。只有家族和睦,才可能办理其他的事情。家和万事兴,才可以向天下万邦、向四方八面推举这种模式,才可能使国家治理变成仁政或德政,自己成为后世怀念缅怀的理想的君王。皆自明也。皆,都是;自明,自己阐明弘扬光大。用一句话来总结,一个人,一个朝代,一个君王,如果他的内心是一团黑暗,充满了贪婪残忍,就不可能让天下百姓信服他,不可能使这个国家变成是光明伟大的国家。皆自明也,有自知之明的意思,同时还有去阐明、去弘扬、去光大的意思。

不管是周公说的,是伊尹规劝大甲的,还是唐尧的政绩,都说明了一个道理,只有发扬自己的德性,才可能感召他人,才可能达到天下皆为和谐的社会。这三个古籍说明,先人就是如此做的。

著名的苏俄作家契诃夫写过一个很短的小说《最后的三分钟》。

有一天,沙俄要判一个年轻的小偷死刑,在临刑前的三分钟,他抬头看看天,天是那么蓝,突然间他想到了自己的父母亲,于是他拼命在人群中寻找,终于看到了两位老人,他们是那么的苍

契诃夫

老伤心和痛苦。他感到懊悔极了。

就要拉动绳索的时候，突然远方传来了命令，他被释放了。他被释放了以后，并没有任何的悔改，还是继续着自己的罪恶生涯。

六十岁的时候，他又一次被抓了，这次他真的要被枪决了。这个时候，他突然想到在四十年前，他被放到绞刑架上的时候，并没有真正发现自己的良知。而到了今天，真的要告别这个人世的时候，他一下子顿悟了，其实自己的这一辈子，真真正正活过的时间，只有那三分钟。

说别人都很容易，我们每一个人在试图阐释自己的内心，尤其是被糊涂油蒙了心的内心的时候，更应该思考一下这篇《最后的三分钟》。这个人活了六十多年，但他真正像一个人一样活着的时间就只有灵魂开启的那三分钟。当然，我们不需要每个人都要站到绞刑架下才明白这个道理。生活本身，朗朗乾坤，每天的太阳出来，就已经在告诉我们，人需要不断地更新自己，阐明自己的明德。

有一位青年迷上了赌博，不但把家里赌得一贫如洗，就连自己的媳妇也被当作赌注输了出去。后来他又打起了父母房产的主意，父亲坚决反对："你已经把自己的家都赌光了，不能再这么下去了。你要改过，重新做人呐。"他听完非常愤怒，抢起棍子把父亲打晕了。母亲买菜回来，看到倒在地上的丈夫，于是怒斥儿子，可儿子把母亲也打倒在地，两位老人就这样倒在了血泊当中。这个青年急忙翻箱倒柜，找到了房产证，他打开一看，上面写的竟然是自己弟弟的名字。他想，我是长子，房子应该由我来继承才对，竟然把房子给了我弟弟。于是他恶向胆边生，又拿起棍子对已经倒在血泊中的两位老人下了毒手。

当然，这种由于愚昧、由于灵魂的黑暗而导致的悲剧，最终使得他被押赴刑场。临刑前，电视台的记者赶到监狱，请他说出最后的话。大家都期待着这个再过几分钟就要告别人世的人能够说出自己的良知，可他说的最后一句话却是："告诉我弟弟，房子归他了，让他好好过。"他还想着

房子,除了钱物,在他心里根本就没有任何父母之爱、兄弟之爱。这个例子来自电视台播出过的一个社会节目,不禁让人从心底里对当代人灵魂的归宿、当代人的价值操守感到有些忧虑。难道对人的内在的情思和良知的发掘都过时了吗?"明明德"在今天不重要了吗?绝对不是。在今天全球化的新的历史条件下,更应该强调个体的内在的光明。

"明明德"讲述的是人自己的美德怎样得以彰显和发扬,是对自己的内在德行的要求,而"新民"则是自我启迪了以后,还要把它推广到千家万户和大众当中,让人们共同享受开启蒙昧之乐,享受人类向前推进和升华之乐。这不是对他人的强迫,启蒙不是强制别人,而是诱导所有人自觉地去掉蒙。

汤之《盘铭》曰:"苟日新,日日新,又日新。"

话极简单,但是很深刻。成汤是一个很有作为的一个帝王,是殷商王朝的奠基人,被人们认为是最有德行的一位帝王,他很少犯错误。但就是这么一位很少犯错误的帝王,他在自己的盘中刻铭,"盘"就是浴盆,"铭"就是刻下自己的名字,他为了不让自己做错事,就在沐浴洗漱的时候,在把自己变得清洁的过程中提醒自己,天天给自己一个警告。

"苟日新。"苟,成也,也可以解释成假设的意思。如果每天都是新的,就像我每天洗澡一样。"日日新"。我经常洗涤自己,不仅洗涤身体,我还洗涤灵魂,不仅洗涤这个肉体,我还洗涤这个世界。"又日新"。如果一天能够革新的话,那么每日每刻我们都可以变得更新,天天往前走,天天革新,这个社会不就可以更加向前吗?

《康诰》曰:"作新民。"

《尚书·康诰》说,对殷商遗老遗少来说,应该要做新式的人民。注意,汤之《盘铭》是一个帝王对自己的要求,是商汤对自己的要求。《康诰》是新的周朝政权对已经破败而存留下来的殷的遗老遗少说,你们要做新式的人民。什么意思呢?就是要改变自己的思维方式,改变自己在旧的社会

中那一整套的生活方式、行为方式、言说方式以及习惯,适应新的朝代,适应周朝的政策的民情,才可以做一个新式的老百姓、新式的人民。这就是移风易俗,改换心灵和习惯,和制度紧密相关。

《诗》曰:"周虽旧邦,其命维新。"

这是《诗经·文王》篇说的,很多人对这句话非常熟悉,意思就是说,周朝是旧日的同殷商一样的历史悠久的邦国,周并不是在灭了殷了以后才出现的一个新的国家,它成立国家也很早。同样很早的国家,为什么一个败了,腐败了,战败了,而这一个却变成一个新兴的政体呢?就在于其命运得到了革新,它不断地革新自己,而殷纣王却腐朽没落,落后了。所以说,不进则退,不新则旧,慢进也是退。

是故君子无所不用其极。正因为此,圣人君子没有什么是不可以达到极点的。这是很生硬的翻译。意思就是说,君子和那种极好极高的圣人,他们总在不断地超越,所以他们没有极限,他们路漫漫其修远矣,他们不断以崭新的自我来面对这个世界,所以无所不用其极。这里有两个方面的意思,一个是在自我修养明德方面无所不用其极,什么都可以做到日日新,但同时又不为自己设限,不是说达到一个美好的境界就终止了,一旦终止,就意味着保守、没落、衰亡。在这种情况下,腐朽没落的殷纣王的王朝当然是无可抵挡的。周文王和周武王能够振兴周邦,消灭殷商,而且革了殷商那些老百姓的过去的命运,使他们变成了一种新的民众。在这个意义上来说,正因为超越,圣人君子才可以不断走向完善,才可能真正达到一个新的善良。

"明明德"告诫了人们发扬自身之美德、成就伟大事业的道理。"新民"告诫了人们要自新,对上要求君主自新、对下要求百姓更新的道理。

第五章　"三纲"中的"止于至善"

"止于至善"告诉人们一个什么样的道理呢？

《诗》云："邦畿千里，惟民所止。"

《诗经·玄鸟》篇中说，邦国的王都有多大呢？千里之广。惟民所止，都是他的老百姓居住的一个地方。止，除了终止、截止以外，还有理想境界、至善之区的意思。这儿可以把它解释成至善之区。就是最美好，最理想的生活环境。这句话的意思就是说，邦国的王都很宽阔，我们的老百姓在里边安居乐业，所居的是美好的地方。

《诗》云："缗蛮黄鸟，止于山隅"。

缗读mín，是一种鸟的叫声。缗蛮，鸣叫的黄鹂鸟。我们知道黄鹂鸟叫出来又脆又好听。止于丘隅是什么意思呢？如果因为黄鹂鸟叫得好听，就满天下都是黄鹂鸟，行不行呢？不行，最好是栖息在山丘的一个区域。什么意思呢？黄鹂鸟尽管多，它也不能把这个世界完全铺满。设想一下，如果我们认为一种树很好，比如桉树，那就把全世界所有的树都砍掉，只种桉树，又长得快，又那么遮阳，好不好呢？当然不好，因为百花齐放，百鸟争鸣，那才是大同世界。如果这个世界变成了只允许有一种树，那叫霸权主义、单边主义，那是人类的末日。在中国古代文明里，有着多元和节制、知足的思想火花，《诗经》正是表达了这样的意思。

子曰："於止，知其所止。可以人而不如鸟乎！"

於止，居于一个善良美好的地方，自己知足的栖息之地。这句话的意思就是，我居于一个善良美好的地方，居于自己知足的栖息之地，我不去盲目扩展，我不会把别人的领地也拿来给自己住，我只住到我应该住的地方。注意，儒家思想的"节制"、"秩序"、"知足"和"分寸"极为重要。孔子感慨说，难道人却连那黄鸟也不如吗？鸟都知道"所止"，知道栖息在它应

该栖息的地方,难道人还不如鸟吗?如果人不守和谐安乐,只知道征战,只知道霸权,只知道去把别人的人权践踏,那他就不如鸟。如果个体不守社会的秩序,不坚守人伦秩序和礼节,孔子认为那样的人禽兽不如。人是万物的灵长,他远远超越了动物,他会创造工具,他有语言,孔子认为如果人不遵守秩序,不遵守人伦礼节,那连禽兽都不如,连鸟都不如。这几句话中有着文明文化的碎片,不仅值得中国人重新发现,也值得整个世界加以发现。

孔子为什么动辄就把人和动物加以比较呢?儒家所说的"人不同于动物"该怎样理解呢?以其昏昏,使人昭昭,这肯定是不行的。你自己很昏聩,自己都没搞清楚,怎么可能让这个社会变成一个清静明白、朗朗乾坤的和谐社会呢?你自己内心充满了贪婪和野蛮,怎么可能让这个世界变成一个民主的社会呢?儒家抓住的根本点就是人不同于动物,人之所以崛起于动物界而高于动物,一个很重要的原因就是他发现了自己的灵魂、心性和价值。

"止于至善"极为重要,安居乐业是老百姓的事情,国泰民安是国家的事情,国和家都是安康的,这是一个国家的福音。

屠格涅夫《猎人手记》片段

有一天雨后,屠格涅夫带着他的狗出去打猎,当走到半路的时候,突然从水淋淋的树上掉下了一只还没有长羽毛的小麻雀,当时猎狗毫不犹豫地就要冲过去,想吃掉这弱小的生命。就在猎狗张开血盆大口要吃它的时候,只见一只蓬松而又不成样子的母麻雀从树上

飞快地冲了下来,它一次次地去撞猎狗的嘴,它是要用自己的身体去填补猎狗的嘴而保护自己的孩子,母麻雀就这样死在了猎狗的口中。

常人可能呵呵一乐就过去了,甚至可能无动于衷,而作为一个灵魂的工程师,屠格涅夫却能从小动物和人之间的关系体察出一种精神。是什么样的力量让那只母麻雀不能在枝头上停留,而一定要冲下来去填补狗嘴,因为它要救它的孩子,它要救它的小雏,屠格涅夫说这种东西叫做母爱,母爱的力量使他的狗尽管吃了这个母亲,却垂头丧气地走了回来,也许这只狗也感受到母爱的伟大和震撼。

大学时的亲身经历

在上个世纪70年代末80年代初的一天,火车站台上的人特别少,当时站台上有一个妇女,背了一个大约1岁大的孩子,孩子的手里拿着一根茅草在玩,突然这位妇女尖叫了一声:"谁夹住了我的脚?"原来是扳闸工把电闸合上了,铁轨并轨了,那个妇女的脚被夹在了铁轨中间。听到叫声以后,大家都急忙往这边跑过来,就在这千钧一发的时刻,火车飞快地驶过来,大家都惊呆了。就在这个时候,在妇女的对面不远处传来了婴儿的啼哭,人们放眼望去,令他们大吃一惊,刚才那个婴儿居然完好无损地躺在对面的沙堆上,原来就在火车即将撞上妇女的前一刹那,一股强大的力量让她把孩子瞬间从背上解下来并扔了出去,而自己却死在了车轮之下。

这个事情对我的震撼很大,从那天开始,我认为我比屠格涅夫更能意识到母爱的伟大。人都有求生本能,在关键时候肯定会先救自己,但是一个农村的妇女,她在那么短短的时间之内能够想到如此之深。看看孔子所说的,如果是没有这样的伦理礼节,没有这样的真诚的爱,人真不如禽兽。也许这位农村妇女没有更多的那种所谓的知识,但她的良知是光明博大而且是充满着温润的。

"止于至善",对于人而言,首先就要坚守人伦礼节,饱含人性温润和

美好的光辉,如果肆意践踏道德礼法,人也就不能称其为人了。

《诗》云:"穆穆文王,於缉熙敬止。"为人君,止于仁,为人臣,止于敬;为人子,止于孝;为人父,止于慈;与国人交,止于信。

为人君,为人臣,为人子,为人父,这句话里出现了几个中国历史上最有争议的关键词"君"、"臣"、"父"、"子",人们耳熟能详。君君臣臣,父父子子,君要成君之样,臣要有臣之格,父要有父之慈,子要有子之孝。"止",就是定位。

作为君主,你是行仁政爱人民,还是行暴政与人民为敌。这里鲜明地提出要"止于仁",作为国家的领导应该定位在"仁",就是爱人民。

作为下级,应该定位在尊敬恭敬上级。有人说这个要求有点过分,难道不可以提出自己独到的看法吗?当然可以,但"敬"还是重要的。

作为儿子,定位应该在"孝"。如果一个人连父母都不孝,要他忠于国家为国捐躯是不可能的, 他连家族里的最起码的人伦常识都不能去遵从,他会为国家、为这个大集体去付出吗?其乎难哉!

为人父,要慈爱。朱自清教授有一篇著名的散文《背影》,那个父亲到了月台上,突然要去给孩子买一袋水果,买完了默默地转回头沉重地走了,留给这个孩子的不仅仅是水果,还有父亲的慈祥、慈爱和寄托,这些东西是永远都不能丢弃的。

朱自清

与国人交, 就是与那些国家的人民交往,应该定位在诚信上。一个国家的人民和这个国家的一些机构,包括我们今天的那些公司企业,如果没有诚信,那就不可想象了。假如自然、天地、宇宙也没有诚信,太阳今天早晨六点起来,明天三点就升起来了,突然下午两点天就黑了,你是不是会觉得这个世界的轨道出了问题呢?诚信是一

个恒定不变的品质,是一往直前地坚守自己的德行和自己一言九鼎的诺言的品质。丧失了诚信,巧言令色、花样百出、坑蒙拐骗甚至妖言惑众,尽管可能得逞于一时,但最终他终将自食其果。

这对我们今天的社会有着极其现实的意义,君、臣、父、子都能准确地定位自己的身份,遵守道德行为的伦常,社会才能在诚信与和谐中发展。

《大学》强调"仁"、"敬"、"孝"、"慈"、"信",这是一种柔性的软文化。作为国家的领导人,作为臣或者作为下级,作为家族里的子和父,作为老百姓,这是一个链条,从领导人到下级,到家族的孩子和父亲,最后到社会,它提供了一个关于个人自由和社会规范之间的关系问题。君、臣、父、子就代表了一种上下级关系和家族里血缘关系的父子关系,仁爱、尊敬、孝慈和诚信都是褒义词。当然如果"愚忠"、"愚孝"、"愚爱",甚至被"孝"和"慈"所吃掉,那也是不允许的,今天的社会是民主的社会,强调人的个体自由是不可以出让的,这是现代跟古代不一样的地方,但我们也不能把古代的东西完全摒弃掉。西方强调个人的主体性,强调个体性,个人自由高于他人的自由,中国则强调个人自由应该和社会的规范形成和谐的关系,东方文化的魅力仍然值得重视。

父慈子孝,人和人坦诚相待,这是《诗经》中所记录的周文王对"止于至善"的实践,是一种理想的社会状态。作为理想社会主体的君子应当如何修身养德呢?

《诗》云:瞻彼淇澳,菉竹猗猗。有斐君子,如切如磋,如琢如磨。瑟兮僩兮,赫兮喧兮。有斐君子,终不可諠兮!

"瞻彼淇澳,菉竹猗猗",看看淇水的岸边,菉竹长得那么葱绿而茂盛。"有斐君子","斐"是文质彬彬的意思,"君子"在古代除了是德高望重的文质彬彬的人以外,还有美男子的意思,在这儿也可以看做是那个美男子。"如切如磋","如琢如磨","切"古代是指切骨,"磋"指磋角,是一种

很硬很尖锐的兽角，"琢"是琢玉，"磨"是磨石，这些都是很硬的，正因为硬，才能显示出君子的厚度和高度。做学问也是这样，你如果找了一块很薄的板子钻下去，那你只能是弱者，你不会引起人们的关注。硬度、高度、厚度和深度是君子必须达到的，也是很难达到的，所以才会引起人们的关注。如果奥运冠军起跳不是两米五，而跳了个一米二，肯定能跳过去，但他还是我们所景仰的人吗？肯定不会的。"瑟兮僩"，真威武啊，真武仪啊。"赫兮喧兮"，真显赫啊，真高大啊。"有斐君子"，文质彬彬的君子啊。"终不可諠兮"，是不可以忘怀的呀。只有君子是不可以忘怀的，质胜文不行，文胜质不行，要文质彬彬的君子。

如切如磋者，道学也；如琢如磨者，自修也；

如切如磋者，道学也。如切如磋，就好像切骨磋角，这是硬碰硬、前沿对前沿、思想对思想，要碰出火花，这说的是师友之间。中国古代做学问，并不是做骑墙派，中庸之道，折中调和，而是要如切如磋。切骨，刀切肉很容易，切骨头很难。磋角，很难切，很尖锐。这里指的是研治学问的艰、辛、高，古代师友之间可以争得面红耳赤，可以为了真理而争论而辩论，这是多么好的一个场景。如琢如磨，这对自己说的。当你深夜在灯下，一灯独吟，窗外竹影婆娑，悉心研读古籍和今人之作的时候，应该"如琢如磨"，就像拿一块美玉慢慢地琢磨。那是很高的境界，因为一刀下去美玉可能就毁坏了，要慢慢地磨，打磨得很光滑，珠圆玉润，晶莹剔透，这里指的是精微，是慢功夫，它要求的是要自我不断地打磨，做到精益求精。

瑟兮僩兮者，恂栗也；赫兮喧兮者，威仪也；有斐君子，终不可諠兮者；道盛德至善，民之不能忘也。

真威武啊，真煊赫啊，多威风的仪态，那文质彬彬的君子是很难让我忘记的呀，他的道德最完善，百姓不可能忘记他。这说明了一个道理，为什么人民众口铄金？为什么人民高山仰止？如果做了坏事，你会成为十指、千指、千夫所指，做了好事，万民也会永远记住你。对于好的德行，好

的人物，文质彬彬的君子，人们会迅速去仿效，因为他佩服，他从心里感觉到高山仰止，这样的人值得尊敬，所以他会去仿效。

《大学》是对美好的君子形象的赞美。只有"严于治学"、"精于养德"、"谨小慎微"、"行为端正"的人，才可以称得上是君子，才能成为道德的典范。这种赞美不可小看，如果没有这样完美的人格，遍地都是一心向私、据公为私的精神侏儒，这个社会还有得救吗？

《诗》云："於戏！前王不忘。"君子贤其贤而亲其亲，小人乐其乐而利其利，此以没世不忘也。

"於戏！前王不忘"，於戏，是个感叹词。先前的君王不会被遗忘，那些高风亮节的贤民君王，对后世的影响是极大的，那些伟大的人物，人类精神的领袖和先导者，人们是不会忘记他们的。"君子贤其贤而亲其亲，小人乐其乐而利其利"，圣人君王敬重他的贤人，亲近他的亲人，平民百姓享受到了这位伟大人物的利益，尽管他已经去世了，但是人们却永远缅怀他。中国已故的周恩来总理就是这样一位伟大的人，作为总理，他为人民鞠躬尽瘁死而后已，他贤其贤而亲其亲，正因为这样，人们怀念他。德行的绵长和个人的修养不是一次性的，它需要生生不息，生生之为道，生生之为意，要不断发扬光大，而且要智慧不灭薪火相传，一代代往下传。

《大学》前三章详细论述了大学之道的三条纲领：明明德、新民和止于至善。在第四章中则引用孔子的言论，论述品德的修养是本，处理具体的外在事物是末，先修养品德，再用美德感化百姓，这才是当务之急。定位在"仁爱"，以及"子孝父慈"，其实都是一种仁政。同时《大学》也提到，一个人的完善还不是最美好的世界，要使他人同样完善，使所有的人达到完善，这个社会才是一个完美的社会，但是很难。

第六章 释"格物致知诚意"

子曰："听讼,吾犹人也。必也使无讼乎!"无情者不得尽其辞。大畏民志,此谓知本。

孔子说,审讯诉讼的时候,我也同样是一个人,我总想要用公平的人心去对人心,而不是一个法官对下面的刁民的惩处,大家是平等的,必须使其没有诉讼,这是最高的境界。诉讼是一个很有意思的话题,西方是一个法律的社会,每个人都有律师,官司天天缠身,一年打几项官司是平常的。中国的孔子居然说出这样的话了,打官司就要打到没有官司才好,这不是低于所谓的法治社会的,而是一种更高的人类的理想。"无情者不得尽其辞",无情者,就是那些没有真才实情的人,那些油嘴滑舌、巧舌如簧的人,他不能够把他的讼词说得很完美。"大畏民志",用明德去慰抚民心,把那种大德张扬开来,让老百姓感到口服心服。"此谓知本",这就叫知道根本。真正好的统治者不是鼓励人们去诉讼,不是鼓励人们三天两头去打公司,而是让人们更多地充满仁者爱人之心,减少自己的社会当中的矛盾冲突,把那些恶性事件减到最少,这个社会才是在平等平和状态下的真正好的社会。

此谓知本。此谓知之至也。

用白话文来说,这就是知道了根本啊,这就叫智慧达到了最高境界。说的是什么呢?朱熹怀疑这两句话是一个过渡性结语的话,中间肯定有一段缺文遗失掉了,他认为这部分讲的就是格物致知。

格物致知,在前面已经谈到了。格物就是穷究根本去劈波寻源,去找到它最重要的内在的规律或者道路。致知就是寻求一种大智慧,一种超越了日常生活的智慧。格物致知,说简单也很简单,就是几十年如一日,对一个问题穷追不舍,去知道它的结论,去把那些伪的东西、假的东西、

不实的东西剥掉,寻找那种本真的东西。说它不容易,当然不容易,孔子曰:"朝闻道,夕死可也。"道,就是规律,就是格物致知的真理,孔夫子把闻道和死亡连到了一起,甚至早上我知道了"道",晚上死了也是可以的呀。这是中国的智慧人、哲人第一次把求真、把对规律的认识和死亡连到一起了,可见它是真难。格物并非容易,致知也并非容易。因为人总是有私心的,是最有主观情感的,而事物是他者,是与和人相对的客观发展而存在的一些事物,你不排除掉自己的一己私心,怎么可能进入事物内部而体察它的规律呢?要想把握它的规律,一定得克服掉自己,"格"有去掉的意思,即去掉那些虚伪不真,同时还有反反复复不断深拓钻研的意思。致知,这个知是智慧的智,它代表了人类对最高智慧的追求,这个过程其实是一种弃己,要把自己的那种主观性逐渐地抛弃,尽可能地贴近真理。大自然的世界万事万物的规律,需要我们去认识,而不需要我们去破坏,需要我们去尊重,而不需要我们去践踏,需要我们去了解爱护,而不需要我们去人为地误解和误读,这就是对规律的把握的难处。

曾国藩是"上马缉贼,下马赋诗"的大文豪,同时也是大军事家。早年他参加考试,熟读经书,乡试的前几名,是考生当中的佼佼者,于是他骄傲起来,认为天下书尽在腹中,我已经是饱学之士,没有什么东西是我不知道的。等他入朝做官,跟其他的一些真正是满腹经纶的人一谈,才发现自己就是一个草包,除了书本上那点知识,对万事万物的规律一窍不通,他幡然醒悟,知道不能

曾国藩

唯本本主义，不能唯书，相反要真正去格物，真正去获得真知灼见，这样曾国藩才成为一代伟大的人物而影响后世。

"格物致知"是大学之道的起点，格物、致知、诚意、正心、修身、齐家、治国、平天下，这八目是一步步从小到大、从客观到主观、从个体到人类的过程。在这个过程中，"诚意"上承"格物"、"致知"，下起"正心"、"修身"、"齐家"、"治国"、"平天下"，是《大学》全篇的关键所在。

所谓诚其意者，毋自欺也。如恶恶臭，如好好色，此之谓自谦，故君子必慎其独也。

所谓诚其意者，就是所说的那种诚实自己的心意，让自己像通透的赤子之心一样。毋自欺也，毋是不能、不可，自欺，意思就是你能骗其他的人，但是你最不可骗的是不能骗自己。把诚意集中为毋自欺，是非常有见解的。应该像什么样子呢？如恶恶臭，厌恶很恶的那种臭味、气味；如好好色，这个话就是说像好色一样去追逐那些美好美丽的东西。这里的好色，应该是泛指所有美丽的鲜艳夺目好看的色彩、颜色。此之谓自谦，这样才能叫做自己内心的快活，才能表现出自己融洽和谐地和自己相处。故君子必慎其独也，这句话需要解释一下，有两种说法，一种说君子慎其独，就是说君子在一个人待着的时候，一定要谨慎，也有人说慎其独其实强调的就是自我修养，前一者说法更加具体一些。因为人是社会的人，如果是在社会当中，他可能戴了一种社会面具，这个面具使得他可能不真，但他的表象为真，可能不善，而表情为善，可能不美，而装饰成美，但这没有用，他只有在私下的时候都能把自己的德行，他的真、他的善和他的美呈现出来，那才是更重要的。很多人其实就是在人面前戴上人格面具可以骗人，但是儒家强调，这固然是权宜之计，而更重要的是由内向外表现出一种和谐的德，这个人才是可信的。

小人闲居为不善，无所不至；见君子而后厌然，揜其不善，而著其善。

小人闲居，小人处在闲居的时候，为不善，就是做一些不好的事情，

甚至是一些恶习,无所不至,就是怎么坏怎么来。见君子而后厌然,看到那种光辉的、通体透亮而且有人格光芒的君子,那样有着非常高的德行的人,他突然觉得自惭形秽,原来世界上还有这样高大、完美、智慧、目光深远、声若洪钟、心无芥蒂的高人,回头再看自己,自惭形秽。那怎么办呢?揜其不善,首先就把那些不好的地方掩盖起来,比如说随地吐痰,动辄骂人,小偷小摸,甚至是一些更加男盗女娼的事情。如果处于这么一个君子的氛围当中,他可能会揜其不善,遮盖起来。而著其善,而把自己的那种表象的善,看着很像善的东西拓展出来,好像是一个君子,但其实他是一个伪君子,他不是一个真君子。

人之视己,如见其肺肝然,则何益矣。此谓诚于中,形于外,故君子必慎其独也。

人之视己,如见其肺肝然。《大学》一针见血地说,自己认为自己藏了拙,藏了丑,藏了自己的虚伪,显示了自己的大美,像个君子的样子,但旁边人看你如见其肺肝然,就像X光一样透过你的衣服、透过你的皮肉骨头看到了你的肺和肝,那些被掩藏起来的作恶的东西,仍然在光天化日之下被人所唾弃。君子慎其独,在单独独居、在没有公共领域的眼睛盯着你的时候、在没有神性的眼睛盯着你的时候、在没有他人监督你的时候,能做得跟平常人一样,这个人就是君子。有些行贿的官员或者作恶的小人说这件事情绝不会有人知道的,而君子就会告诉他"天知地知,你知我知",怎么可能逃得掉呢?最好的办法就是坏事绝对不做,那些为不善的事情尽量杜绝。此谓诚于中,形于外,只有诚于中,你的内在的肺腑心肝都呈现出诚,你的外表才会和内在是统一的。文质彬彬的军事家诸葛亮,在即将去世的时候,坐在四轮车上但觉寒风拂面,他去看天下的将士而不能再跟他们一块征战,可以说是感动肺腑。君子必慎其独也。归结到底,君子最重要的就是慎其独,就是在所有人都不在场的情况下,自己成了自己灵魂的法官,成了自己行动的监视器,成了自己一心向善的提

升者。

所谓胜人易,胜己难。天下都好战胜,最难战胜的是自己,儒家就要战胜这个最难战胜的自己。要把自己给约束到这样一种从内到外的光辉很难,所以儒家最尊重的器皿都是用玉。为什么要用玉呢?仔细看一块玉,只要有了一点点杂的颜色,有了一点点不好的东西,这块玉就是次玉。真正的好玉价值连城,甚至是黄金有价玉无价,何以见得呢?就是它通体透明,它完全没有杂色,也没有杂

诸葛亮

质,这样的玉就叫做价值连城的瑰宝。玉的光辉,秀外而惠中,把自己的那种内在的光辉温润地、和谐地、得体地表达出来,这就是儒家的人格理想。

曾子曰:"十目所视,十手所指,其严乎!"

《大学》第一次出现了曾子。怎么慎其独呢?曾子把它形象化了,单独呆在一个地方的时候,你就想象有众多的眼睛在看着,这里的"十"是指多的意思,在做坏事或者是干什么事的时候,有很多的手在指着你。其严乎,岂不是很严厉的吗?你怎么能认为是可以逃得掉的呢?所以君子慎其独也。

富润屋,德润身,心广体胖,故君子必诚其意。

富润屋,有了钱,你可以把这个房子装饰成一个豪华的别墅、豪宅。德润身,有钱不那么重要,如果有了品德,德行很高的话,它能润你的身体,我们所说的臭皮囊就会发出超越人的神性的光辉。经常能看到一些老教授,看到一些高人,他的声音不大,但像磁铁一样有吸引力,他的声音不高,但能穿透很远,他说话的时候,你会忘掉了周边的世界,好像晕晕乎乎有一点忘掉了时空,有一点不在场的感觉,好像有点惊奇自己是不

是在听这位圣人、这位高人在谈话,这就叫德润身,他的臭皮囊,已经通过他的德行慢慢地变化以后,变成一个内外光辉的个体了。心广体胖,你心胸开阔,无所爱蒂,没有所去欲求而津津乐道于那些日常生活或者是阿猫阿狗、蜗角共鸣、蝇头小利等等,你对这些已经不感兴趣的时候,你就会胖,这个胖不是指身体发胖,指的是长得很舒缓、很健康、很光泽。这是一个多么高的境界,它告诉你,德可以富身,德还可以长寿,德还可以养人。故君子必诚其意,诚意能达到这么高的程度,人就应该知足了。

美国有一位老太太,看样子好像是中产阶级以下的,不是很富,临死之前,她的孩子们全都跑了,没办法就发了一个广告,说请一个善良的小姐来照顾我的晚年,我将把我最后的一点养老金送给她。很多人一看,这种濒死的老人,只剩一点点养老金,而且已用得差不多了,都不去。有一个中国留学生去了,不要看这个留学生年龄小,但是饱读诗书,她对这个老太太就像对自己的祖母一样无微不至地关心,让老太太最后几年过得非常舒心。这个大学生每个月只拿到很少的一点工资,最后老人去世了,她回到学校继续上学。突然有一天,一位律师通知她说老太太有遗嘱要当面向她宣读,宣读的结果是她获得老太太的巨大遗产,有一百多万美元,小姑娘一下惊住了。

是什么使得老太太对天下所有的人包括自己的孩子都不再相信,认为他们无非是皆为利来、皆为利往,是什么使她把自己的全部的遗产和爱心给了一个东方的小女孩?就是一个词:诚心。

中国也有一个故事,这个故事说的是一个山西钱庄,山西是当时中国钱庄最大而且最多的地方,但这个晋商的经营思想并不是唯利是图,而是诚心。

山西有一个钱庄,因为战争的缘故慢慢地难以维系下去了,但是老板知道有一笔巨大的款项,是别人存在这里的,并且还说好了三年以后过来取。三年以后,钱庄终于宣告破产了,钱庄老板也家道中落了,可那

个人却一直没来取钱。每年一到了约定取钱的那个时间,钱庄的老板就会拿着一个很破的包裹,里面包着银元,坐在那静静地等候。就这样一年、两年,直到那位老板去世。

只要心诚,就无所畏惧,无所畏惧就天地宽阔,天地宽阔便知整个宇宙的奥秘,知宇宙的奥秘更能体会到人生的一瞬。生年不满百,常怀千岁忧,人通过这种方式更能深刻地认识自己。有句话说,犹如春原之草,不见其长,日有所增,这指的是德行就像春天的草地,每天的草不知道长没长,但是它日有所增,一片生机。如果你做了不好的事,欺人欺己欺心,那就像磨刀之石,不见其损,日有所亏。过去人家里都有一块磨刀石,每天磨刀,没觉得它往下掉多少,但是一年下来,它总是掉了这么大一段,这是指德行不好就会自己损其然。在儒家看来,国家最关键的是个体的真诚。如果一个国、一个家的每个最小单位都是一些尔虞我诈强调不正当竞争的人,那可以想见,这个家、这个国的社会基础就被瓦解掉了。在这个意义上说,儒家的"格物致知"和"诚心"在今天是有现实意义的,我们在强调历史局限性的时候,也要看到东方智慧对人的严格要求的积极意义。

格物致知是《大学》之道的起点,也是唯学之根本,认识事物必须与修养自身品德相结合才符合君子的要求,而诚意则是修养自身品德的重要内容,是界定君子和小人的试金石。

第七章　释"正心修身"

所谓修身在正其心者,身有所忿懥,则不得其正;有所恐惧,则不得其正;有所好乐,则不得其正;有所忧患,则不得其正。

"修身在正其心者",修身首先要修心。我们知道,修身主要指的是言辞、姿态和整个人所表达出来的身体语言,所以修身其实就是用社会的规范和道德,使得个人和社会其他的角色能够和谐相处。我们经常说要"三和",对世界人类来说是和平,对一个国家来说是和谐,对个人或者家庭来说是和睦,这个"和"很难做到,所以要"修身在正其心者",首先心要正。接下来列了四种不正的态度。所谓不正,就是不能保持客观的中立的实事求是的眼光,而是带有成见、带有偏见、带有其他的一些自我的情绪化的情感,所以不能够中正。

"忿懥",就是愤怒,大怒,勃然大怒。人在极其愤怒的情况下是不清醒的,有人可能会说愤怒出诗人,愤怒是可以出诗人,但是鲁迅说过,当他真正要写诗的时候,他一定要等那种愤怒忧愤的心情过去以后,心里稍事平息,然后才可以客观地去写作,而不是在愤怒的时候就激情澎湃,那样只能出浪漫主义诗人,比如像李白,但是像杜甫的《三吏》《三别》,就

鲁迅

李白

杜甫

需要通过内心陶养,把这种愤怒过滤,而且变成一种中正之气,以一种深情的历史眼光才能够看见历史。在很愤怒的情况下要去把握事情的真相,真的很不容易,则不得其正。

"有所恐惧,则不得其正",当有所恐惧的时候,心也就偏了。当一个人畏手畏脚、畏前畏后的时候,要去做光明磊落的事情很难。恐惧,尤其是巨大的恐惧,会使得人丧失掉基本的判断。

"有所好乐,则不得其正",如果有特殊的爱好或偏好,你对一个事情也不能保持中正之心,也不能够去正确地、客观地、有效地去看世界万物,所以过分地沉醉在某一种喜爱之中,也可能使自己麻痹了自己的神经,而且掩盖了自己的眼光。

"有所忧患,则不得其正",这句话就奇怪了,不是都说"生于忧患,死于安乐",况且儒家的文化精神在有些学者看来就是一种忧患意识。《大学》居然说"有所忧患,则不得其正",难道有了忧患心思,其正心就不行了吗?是不是矛盾呢?不是。这里的忧患,指的是患得患失,是怕打掉了自己的坛坛罐罐家家底底而不敢去创新,而且是忧心忡忡的,就是孔子所意识到那种"君子常乐乐,小人常戚戚"的"戚戚",瞻前顾后,左右都怕,有了这种心情,也不能够做到心正。

"忿懥"、"恐惧"、"好乐"、"忧患",是阻碍心正的四种不良态度,摒弃鲁莽武断和畏手畏脚,不再玩物丧志和患得患失,潜心陶养自身的品格,这样才能正其心修其身。在正心上,中国儒家指出了这四大内涵,我们可以通过一些历

徐达

徐达墓

史人物是事例来看。

明代的开国功臣徐达功勋卓著,朱元璋认为他是战功赫赫,想要嘉奖他,怎么嘉奖他呢?朱元璋就把自己的旧宅,一个非常豪华的大宅子送给他。皇帝对自己的大臣亲密无间,甚至要把自己的最喜爱的宅子送给他,一般的人肯定是受宠若惊了,而这个徐达极其冷静,心很正,他不要。朱元璋就想了一个办法,先用酒把他灌醉,然后命令下属把他抬到那个宅子里。徐达酒醒以后,还是出来跪拜,坚辞不受,朱元璋没有办法了,只好修了一个小得多的新居给他住下了。徐达的夫人很不理解:你功勋卓著,皇帝都嘉奖你,应该得到这样的享受啊,你为什么还要拒绝一片好意呢?徐达不这样看,他说如果我住进去,而且住得很舒服的样子,那皇帝就会猜忌,他觉得是居功骄傲,心就不正了,一旦我住进去以后觉得荣华富贵是舒服的事情,而不再是如浮云一样的过眼云烟,我就无心杀敌了,不可能再建功立业,我也就到头了。

不久,胡惟庸做了丞相,很多人鉴于他的淫威,所以都去送礼讨好他。这个胡惟庸反而跑到徐达的家里,向他表达亲善的感情,想要拉拢他,徐达拒斥不见,为什么?心正。徐达知道,胡惟庸是一个小人,是祸国殃民的一个人,他不能出卖原则、出卖自己的良知去和他结交。

徐达的夫人又不明白了,胡惟庸现在势力很大呀,你这样拒绝他的结果,他会排斥你,会使你前途暗淡。徐达说,你错了,像胡惟庸这样真正的小人,他可能辉煌一时,但是最终他将会自食其果,尽管今天我远离他,可能得不到很多好处,甚至还会遭到打击报复,但是从长远来看我是正确的。果然,不久后胡惟庸因为图谋不轨而被杀,于是他的整个网络作鸟兽散。这个时候皇帝再一次

胡惟庸

嘉奖徐达,因为他中正谦和,他的心正。

心正最重要的就是不贪,就是不在恐惧、快乐和忧患中使自己的心抛离了中间的线。在《大学》看来,恐惧、忧患等不良情绪深深影响着心发挥其正常的认知功能,所谓正心,就是要去掉偏裨狭隘的私心杂念,摒弃外界干扰和不良情绪的影响,使心始终保持一种中正平和不偏不倚的状态。

还有一个人,这个人就是东吴的陆逊。

陆逊是一个文人,在做县令的时候,他强调心正,当时他们县出现了问题,很多人偷税漏税,那些逃避赋役的人在县里聚集,于是有人跟他汇报,要把他们抓起来,但这时还有很多山贼也在扰一方居民的平安。这个陆逊,别看是一个小小的文人,他心正,就能处事精明,处事正确。他说,我们应该安抚这些逃避赋役的穷苦的农家弟子,让他们有一碗饭吃,因此他把他们征召为士兵,并带领这些兵到山里去剿灭那些山贼,结果他的县境之内一片平安。这就把这两个矛盾都化解了,这说明他的眼光和心是很正的,他不为外在的任何东西所左右。

陆逊

后来陆逊被委任为大将军,同蜀国大将关羽一同作战。此前吴国王室有意与关羽结亲,却遭到恃才自傲的关羽的拒绝,两国关系变得紧张起来。陆逊抓住了关羽性格的弱点,上任前给他写了一封信,表示自己敬仰关羽的神勇,并愿意向他讨教学习。关羽的自尊心得到了满足,对陆逊放松了警惕,而陆逊则伺机调动军队夺取了荆州,刘备在愤怒中起兵攻打东吴,结果被陆逊火烧八百里连营,大败而归,在白帝城抑郁症而终,蜀国也因此大势已去。由于一人的不正、一人的骄傲、一人的愤怒,使得

国将为之倾斜。

在儒家看来，心正极其重要，这四不正只是举其四也，其实还有千千万万的不正，但只要做到"正"，你就能正确地判断形势，判断工作。

正心才能修身，如何才能做到正心从而达到修身之目的的呢？

心不在焉，视而不见，听而不闻，食而不知其味，此谓修身在正其心。

"心不在焉"，有人会说了，这就是说这个人读书不认真，人坐到那儿，形在那儿，心已经飞走了吗，是不是这个意思呢？这是不是个贬义词？其实这是语言发展过程中的一种转换，其实儒家要的就是这种心不在焉。

东晋书法家王羲之的《兰亭序》名满天下，记录了暮春三月与好友在会稽山，曲水流觞的盛世，置身于崇山峻岭和茂林修竹，沐浴着自然天籁，品味着诗书的雅韵，天、地、人的无比和谐，让书法家心旷神怡，于是为晋明世的自由风韵，通过《兰亭序》一览无遗地表现出来。

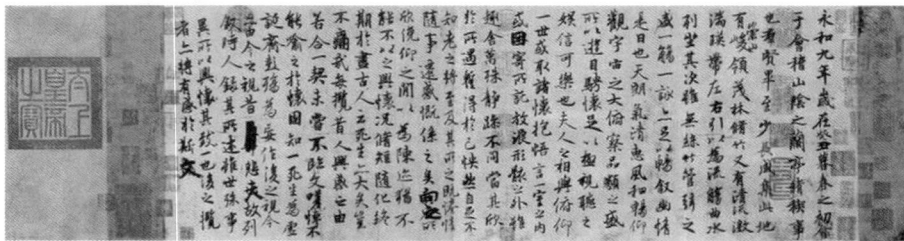

《兰亭序》

王羲之的心不在焉，就是一种心无旁骛，不为世俗烦郁所困，不为功名利禄所扰，无欲无求物我两忘，才成就了传世的《兰亭序》，这种回归自然、远离凡俗的心不在焉，正是正心的关键。

川端康成是日本获诺贝尔奖的文学家，也是亚洲东方人获诺贝尔文学奖的为数不多的几人之一，人们知道他的《雪国》写得美妙绝伦，但知道他是怎么死的吗？到了晚年，他发现他再也写不出东西来，因为当时写《雪国》的那份心境没有了，当年没有那么多名誉在身，没有那么多让自

己在整个世界上变得如此的轻浮不稳，甚至变得心不在自己身上的那种状态。而今天他已经变成了一个处处处处被人追踪、被传媒报道、被人们希望、被读者追寻的这么一个所谓的文学大师，他心有所定，心有所索，心有所忧，心有所投，于是他写不出来了。最后，他回到家，把所有的人都请出去以后，躺在地上，把煤气管拔下来，含在嘴里自杀了。

一个伟大的文豪，能够做人类灵魂的工程师，最后却救不了自己，杀了自己。自由的风尚就是无所求、无所欲，无欲则刚。如果总想着我要去拿一个金牌，我要去获大奖，我要去获重金，然后这个重金我还要买洋楼，这种人的杰作大概也就不可能出现了。只有心不在焉，心不在功名利禄、金奖或者其他什么上的时候，才可能创造出好的作品。

年轻的川端康成

功成名就的川端康成

"视而不见，听而不闻"，我在看一个东西，好像又在回归自己，我不用把眼睛瞪出眶使劲去看，这样才能保持一种中正的立场。我听见了，但是没有认真去听，就像背景音乐一样。

"食而不知其味"，孔子说，闻韶乐三月不知其肉味，什么意思呢？他听了美轮美奂的音乐以后，三个月吃肉，他都不知道自己吃什么了。

心不在焉，就是心不在手头办的事情上，有些书法家在吃饭，但是他的心还在别处，还在想他写的书法，他把手里的馒头蘸到墨汁里，拿起来继续吃完了，他自己还不知道，这种状态才是真正的创造性的好状态。心不在焉，并不是说你读书心不在焉，而是孜孜以求那些利禄功名心不在焉，心都放在所追寻的自我心正和空灵和无所依傍上面。

著名的词人晏殊写过两句著名的词："无可奈何花落去,似曾相识燕归来。"但你知道吗,除了是一个诗人、词人,晏殊还是一个政治家。

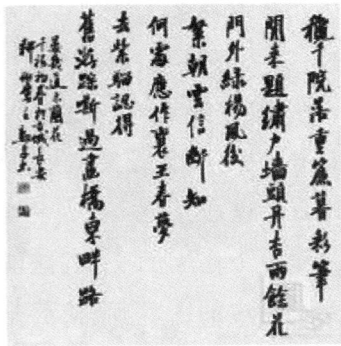

晏殊和他的作品

晏殊早年的官职是一个小县令,他克己奉公,兢兢业业,一些同僚邀他出去喝酒,他都拒绝了,同僚以为他害怕花钱,就提出要替他付帐,晏殊却坚持留下来做完自己的工作。后来有一次,一个同僚被贬,过去的好友顾及自己的前程纷纷远离,晏殊却在他挥泪独行的时候,赠给他一首送别词,大家都对晏殊的行为感到奇怪。后来宋真宗要为太子找一位老师,有人举荐了晏殊,说他学问大,人品高,心无旁骛,不对利禄折腰,结果他成为了太子的老师,最后官至丞相,做了很多利国利民的事情。

晏殊心不在焉,心不在功名利禄、人际关系、拉帮结派等等问题上,这样的人才有公心,才叫正心。

公子曰:"君子周而不比,小人比而不周。"君子和广大的人结朋友,而不拉小圈子,小人却喜欢拉小圈子,而没有公心让大众成为他的结交对象,在这个意义上,正心非常重要。

"此谓修身在正其心",修身的根本就在于正其心,只有心正才能身正,反之,也只有身正才能心正,它们是互为表里的。也就是说,不以物喜,不以己悲,不再津津乐道于外在的利禄的引诱,处于一种为了追求自己真正的美好的想法而心不在焉了。

人被境转的,就是凡夫俗子。什么叫人被境转?人随环境而转,人被

环境逼迫而不断改变自己,这就是一种凡夫俗子,因为他的心在不断变化。相反,境随人变,境被人转,这才是真正的君子之道,是高风亮节、德高望重的君子才可以做到的。通过自己的正心去改变了周边的环境和他人,使得整个氛围变成一片祥和的正气的、充满了朝气、充满了生生不已的创造性,他才可以扭转局势。

诸葛亮一家兄弟很多,他的兄弟们,包括堂兄,有在东吴,也有在曹营下做军事的,他完全可以去投奔自己的兄长,然后在东吴或者曹操的幕下做一个谋士,因为曹操和东吴都是雄兵百万,但就在这种军力对比差异极大的情况下,他选择蜀国,提出了三足鼎立。人们可能会说,那是因为刘备对他很重视,三顾茅庐。其实最重要的是他提出了三分鼎立的国策,而且他的忠贞是鞠躬尽瘁、死而后已的忠贞,这就是"身正"和"心正"。刘备即将去世的时候曾考验过他一次,刘备在病榻上说,如果我的儿子今后不能够成为一个好的王君,您可以取而

诸葛亮

代之。诸葛亮匍匐在地,嚎啕大哭,表现自己忠心,说绝不可以,我只能辅佐他,这成了他一生的命运。诸葛亮鞠躬尽瘁,死而后已,带来的是千古流芳。他在吴国和曹营的两位兄弟却被满门抄斩,死了一百多口,一个都不剩。但是诸葛氏的后代流传下来,至今人口旺盛,所以中正可以荫福子孙,可以让子孙后代得到自己的英名。心不在焉,并不意味着天公不回报你,天公是会回报你的。

作为《大学》八目中承上启下的一目,"正心"有着非同寻常的意义。心是身体的灵魂和主宰,只有不断进化自己心灵,不断提高品德修养,才能修身、齐家,才能治国平天下。身正和心正都是非常重要的。因为心正,

才可以无坚不摧，才可以无所不能，才可能去做天下应该做而且一定会做好的事情。心有杂念，心不正，做什么事都不成。这不是能力的问题，而是心的问题，这就是儒家哲学对我们的启发。

第八章 释"修身齐家治国"

格物、致知和诚意、正心的目的，都是为了修身，只有完成了修身，才能齐家、治国、平天下。修身和齐家，对一个国家、对一个民族来说很重要。

所谓齐其家在修其身者，人之其所亲爱而辟焉，之其所贱恶而辟焉，之其所畏敬而辟焉，之其所哀矜而辟焉，之其所敖惰而辟焉。

辟，就是不公正，缺乏公正新心，有偏僻之心。举了四个方面的例子：对亲爱的人就喜好，就偏袒溺爱，甚至包庇，缺乏公正心；对自己讨厌的贱恶者，就放大他的缺点，看到他一无是处，甚至不公平地对待和打击；看到自己尊敬或者畏惧的人，就过多地仰视，缺乏公正之心；哀怜悲悯的人，可怜他，也缺乏公正之心。

缺乏公平之心，这个家当然不可能平，对周围的关系当然不可能和睦，因为你丧失了中正之心。

故好而知其恶，恶而知其美者，天下鲜矣。故谚有之曰："人莫知其子之恶，莫知其苗之硕。"此谓身不修不可以齐其家。

你爱好他，但却知道他的坏处，你讨厌他，厌恶他，恶而知其美者，天下是很少的，一个人他总是不可能绝对地保持公正性，但是由于修身，要求你尽可能地达到一种中正、平和、公平，只有这种公平，才能够使美者为美，恶者为恶，讨厌的就是讨厌的，好的就是好的，不能颠倒是非、混淆黑白。所以有谚语说，人们都不知道自己儿子有什么不好，他的坏处缺点是什么，因为他的溺爱偏爱。人们都感觉自己的禾苗长得不壮，因为他老是觉得自己地种得不好。《大学》认为这是因为修身不好，修身欠火候，修身欠佳。此谓身不修不可以齐其家，结论就是，你如果不把身心修养得很高，你就不可能使自己的家庭充满了和谐，充满了秩序，充满了进退的规

范。如果一个家庭失序,没有规范,不和谐,矛盾蜂起,那么这个家庭能做好吗,当然是一个失败的家庭。

关于修身和家庭的关系,这儿举一个小例子。

三国时期,吴国的鄱阳太守有一个儿子叫周处,周处从小就失范于家教,从小就养成了骄横跋扈、横行乡里的恶习。乡人称此乡有三恶,第一恶是山中的白虎,第二恶是河中的蛟龙,第三恶就是这个周处。

周处不知道自己的缺点,他看见老百姓很忧伤,就问为什么呢?听说此地有这三恶,他突然感觉到自己已经被乡里乡亲抛弃了,于是下决心

周处

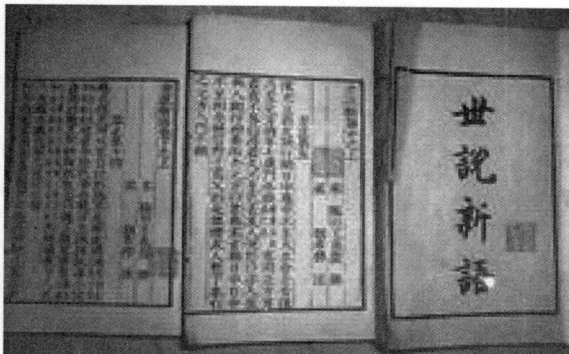

《世说新语》除三害

要改,就上山打死虎,下江河把蛟龙消灭掉,心想这三害除掉了两害,回去应该得到嘉奖,结果没想到回到家一看,周围的乡里乡亲都在欢庆,以为他被山中虎吃了,被河中蛟给吃了,看到他回来了,乡亲们很失望。周处这才知道,他原来是三个恶当中最恶的。这就意味着,人之恶,猛于兽。于是周处痛下决心,从头学起,修身,读圣贤书,按照高标准严要求改正自己,最后,他不仅把一身的缺点完全改了,而且在吴国灭亡以后,还当上了西晋王朝的御使中丞,相当于今天的监察部长。

一个过去调皮捣蛋、横行乡里、没有修身,甚至是父也失察失管的孩子,最后痛改前非,重新做人,而且能够做上监察部长这样的职务,他不

仅是要求自己很严,他要求别人也很严。

在阐述修身与齐家的关系上,主观上的好恶不同容易导致偏见,这不仅不利于修身,更不利于齐家。

修身齐家,让身体和灵魂、内在和外在和谐统一,家庭整齐有序,这个不是目的,目的是齐家之后的开始要治国。

所谓治国必先齐其家者,其家不可教而能教人者,无之。故君子不出家而成教于国。

所谓治国必先齐其家者,所说的那些治理国家必须首先整齐自己家庭的话,其家不可教而能教人者,无之,他对他这个家庭里的成员都不能够调教好,都不能够陶冶、熏陶得很规范,而要去教别人,管理别人,没听说过,不可能的。故君子不出家而成教于国,真正的圣人君子不用出门,不用离开家,就可以成就教化于国家。为什么呢?家庭是国家的一个细胞,你把一个大家族都整治得有条有理,做得非常完善,难道不是对国家的安宁平和做出贡献吗,难道不是为今后"天降大任于斯人也"的你做好准备了吗?在这个意义上,成教于国,就是成就教化到整个国家。这是一个很重要的要求。

孝者,所以事君也;弟者,所以事长也;慈者,所以使众也。《康诰》曰:"如保赤子。"心诚求之,虽不中,不远矣。未有学养子而后嫁者也。

孝者,所以事君也。首先要养成孝敬之心,有人问孔子,怎么才叫有孝心呢?孔子想了想,说了两个字:色难。什么意思呢?你要养你的父母亲,给他吃东西,给他穿衣服,那不叫孝,连动物都能做到,孝,有很多种,其中最重要的就是色难,就是和颜悦色地在父母亲周围表现孝道,这是最难的。

在中国历史上,孝道,始终都被看作衡量人道德修养的最基本的标准。亲情,对父母亲的孝敬之心非常重要,如果连父母亲都不孝,而能忠贞报国者少矣。

汉文帝刘恒以文景之治的清明政绩名垂清史，又以仁爱孝顺的德行品格明文天下。他的母亲薄太后卧病三年，他在病榻旁边侍奉三年，常常夜不能寐，衣不解带，没有丝毫倦怠。母亲所服的汤药，他要亲口尝过后才放心让母亲服用，这就是文帝亲尝汤药的故事。

《二十四孝》的故事在过去可谓家喻户晓，其他还有虞舜孝感动天、曾参啮齿痛心、子路百里负米、黄香扇枕温席等，他们的故事被世代相传，成为人们实践孝道的典范。我们今天读《二十四孝》，当以同情之心去了解古人。他们也许并非看重形式，让后人件件照办，而是想通过这些故事，告诉我们世界上有"孝"字！由于"孝道"源于原始的氏族社会，发展于和强化于封建社会，因而它必然带有它的历史局限性，甚至有与人性相背离的地方，这些是不能吸收和提倡的，应予以抛弃。

孝者，所以事君也，这个君，指的是最高领导人，意思就是说学会了孝敬，其实就是对未来忠君爱国，做出一种先行的培养，对内在的心性的一种教养。

弟者，所以事长也，你知道了孝悌，知道了悌道，就是要用来敬侍长者的，这个长者，不仅仅只是自己的兄长，对天下的那些比自己年长的，都要行这种尊敬之道。

慈者，所以使众也，使众，就是让大众跟随你，听从的指挥。你以为只有暴戾、乖张、愤怒，才可以让大家听你的话吗？不对，慈爱，它最弱，但是最能服人心。

《康诰》曰："如保赤子。"赤子就是刚生下的孩子，这句话的意思就是说，对这些美好的东西，就像爱护赤子一样。心诚求之，你要去努力，心诚去做这个事情，虽不中，虽然可能没达到目的，没达到最完美的境界，不远矣，离目标已经不远了。未有学养子而后嫁者也，就像一个姑娘，她只有出嫁以后，跟她的丈夫共同创业实践，共同创造生活，她才可以开始去养自己的孩子，她才可以开始自己未来的生活。心诚是第一位的，逐渐地

把这种诚在未来的时间当中加以实施,那是一个过程,同时也是第二位的。

一家仁,一国兴仁;一家让,一国兴让;一人贪戾,一国作乱。其机如此。此谓一言偾事,一人定国。

一家仁,一国兴仁,如果一个家庭里充满了仁爱,那么就可以让世界充满爱。一人让,一国兴让,一个家庭都学会了互相谦让,长幼有序,那么一个国家就会兴起兴让之风。

一人贪戾,一国作乱,这个话说得有点危言耸听,一个人贪而且暴戾,很暴躁,甚至诉诸于暴力,绝非小事。其机如此,其中的机运,也就是运行的规律,就是这样的。

此谓一言偾事,一人定国,一言就可以败事,这个"一言"往往是指关键性的话。如果你没有学会慈,没有学会让,没有学会仁,而仅仅学会了贪戾作乱,那么一言可以让你的家族坏事,从此家道中落。所以鲁迅临去世的时候告诫孩子,千万不要做空头文学家,不能躺在父母亲的或祖辈的财富上吃一辈子,而要自己去创业。一人定国,在这儿指的是关键的人物,按朱熹的说法指的是国君。这一个人,他兴了仁,兴了让,兴了慈,那么这个国家就安定了。

尧舜帅天下以仁,而民从之,桀纣帅天下以暴,而民从之。其所令,反其所好,而民不从。是故君子有诸已,而后求诸人;无诸已,而后非诸人。

尧舜帅天下以仁,而民从之,桀纣帅天下以暴,而民从之。这段话开始引入历史,说尧舜是用仁政帅天下。帅天下,就是以仁来统治天下,而民从之,民心所向,跟随他。而桀纣这种暴君,以残暴来对天下,而民也从之,也跟随他。意思就是上面做什么,下面一定仿效,那么善当然就有善报,恶当然就有恶报。

其所令,反其所好,他们下的命令,违反自己所喜好,就是说自己都不喜欢的东西,他却命令他的人民去做,结论是怎么样呢?而民不从,于

是人民反他。是故君子有诸己，而后求诸人。君子要先要求自己做到，才能去要求别人做到。无诸己，而后非诸人，自己本身没有那些不好的东西，你才可能去批评别人。

所藏乎身不恕，而能喻诸人者，未之有也。故治国在齐其家。

所藏乎身不恕，这句话比较难解，指藏在自己心里的私心或者是想独自满足的东西，让人去做不愿意甚至于做不到的事情。所藏乎身不恕，而能喻诸人者，未之有也。你自己都做不到的，却要求别人去做到，是不可能的。意思就是你自己想一饱私欲，想获得很多的好处，却让人家去吃苦耐劳，去大公无私，那是不可能的。故治国在齐其家，反过来说，齐家而后能治国，治国的前提就是把每个家族做得非常有秩序。

《大学》认为治国的前提是齐家，君子要兴孝悌，兴仁让，并将这样的美德推己及人，才能齐其家，而后治其国。对我们的家庭、对个人提了很高的要求，心有多大，国就有多大，天下就有多大。

《诗》云："桃之夭夭，其叶蓁蓁。之子于归，宜其家人。"宜其家人，而后可以教国人。

《诗》云："宜兄宜弟。"宜兄宜弟，而后可以教国人。

《诗》云："其仪不忒，正是四国。"其为父子兄弟足法，而后民法之也。此谓治国在齐其家。

《大学》引用了三段《诗经》上的话来说明和睦家庭的重要性，这有点像我们做论文，先摆出论点，再去找论据来加以论述。

《诗经》说，桃之夭夭，桃花长得茂盛漂亮，其叶蓁蓁，叶子很丰满，之子于归，归，指嫁，就是这个女子出嫁了，宜其家人，她将使那个家庭和睦，将使那个家充满了快乐欢笑，充满了慈爱。所以得出结论，宜其家人，而后可以教国人，只有让一个家庭都能感觉到你的人格光辉，感觉到你的魅力，你才可能使让国人感受到你的光辉和魅力。

宜兄宜弟，而后可以教国人，教，指教导。你对你的兄长和幼弟都能

够和睦相处,都能让他们感觉到你的人格,感受到你的可爱,感受到你协调的能力,你才可以去教别人。如果你连自己的家庭都做不好,不能尊重兄长、爱护幼弟,还要去教别人,那是不可能的。

其仪不忒,举止没有差错的人才能到四方之国去匡政,才能治国。其为父子兄弟足法,才会让他的父子兄弟去效仿他,而后民才会效仿他,所以结论还是治国在齐其家。

《大学》不断反复地强调,治国首先要齐其家。家是国家的缩影,是国家的细胞,把一个家庭的进退秩序和睦做好了,你就可以出来做事了,可以教导他人了。这就是《大学》的齐家和治国的意思。修身是齐家的前提,而家国一理,治家的原则也就是治国的原则,所以治国的重点在于修身齐家。君子要想成教于国,必须"守孝悌施仁慈","一家仁,一国才能兴仁","一家让,一国才能兴让"。君子的品行得到陶养,使家庭有条不紊、和谐有序,国家也自然会安定团结。

第九章 释"治国平天下"

《大学》的最后一章从各个层面、各个角度深入阐述了治国平天下的原则和方式方法，再次重申了美德在治国平天下中的重要意义，认为君子只有在道德上做到推己及人，才可以治理好国家平定天下。

所谓平天下在治其国者，上老老而民兴孝，上长长而民兴第，上恤孤而民不倍，是以君子有絜矩之道也。

"平天下在治其国者"，"平"是指使天下太平。中国的知识分子要从整饬家庭伦理开始，这是中国儒家伦理中的一个很重要的思想。"一屋不扫，何以扫天下"。"一家不宁，何以让天下宁"，一家一族都搞不太平，何以让国家和天下太平。所以从小见大，从微见著。"上老老而民兴孝"，"上老老"是什么意思呢？就是"君"，国之君。要孝敬老人，在家族里要孝敬老人，而后全国兴起一种重视老人的风气，这个时候民才跟着兴起孝道。"上长长而民兴第"，"民"就是老百姓，以长者为长，老百姓才会去兴这个"悌"，就是尊敬长者。"上恤孤而民不倍"，就是抚恤孤寡，爱惜那些飘零于世道之人，这个国家才会有爱，才不会违背人伦和人道。"是以君子有絜矩之道也"，"絜"指的是量围长的绳子，就是量围长，画一圈就是要画一个围长。"矩"是量直角的一种角尺，就是方圆的意思，今天说的"没有规矩不成方圆"就是这个意思。君子有方圆，就是有规矩，有遵循的道的标准，这就是达到这种道的方法。

所恶于上，毋以使下；所恶于下，毋以事上；所恶于前，毋以先后，所恶于后，毋以从前；所恶于右，毋以交于左；所恶于左，毋以交于右，此之谓絜矩之道。

"所恶于上"，你所厌恶上级的那些东西，当你处于上位时，千万不要把它拿来对付下。说得直白一点，就是那些上级让你不高兴的东西，你千

万不要拿过来对付下级。我们看到很多人对上阿谀奉承,对下很凶很恶,这是一种不好的态度。"所恶于上,毋以事上",你所厌恶的下级的那些毛病、那些不好的方面,千万不要把它来故伎重演,面对你的上及。后面的语式几乎差不多,"上"、"下","先"、"后","左"、"右",正好构成为一个环境空间。一个空间是六个纬度,"上"、"下"、"前"、"后"、"左"、"右",所有这些都是要合乎规矩之道,一个君子才能具有平天下的可能性,也只有这样,他才可能处于真正的中正之心。

在"治国"和"平天下"的关系上,作为君主,只有治理好国家,才能使天下平定,因此治国是平天下的前提。那么作为一国之君的德行修养,对于国家和百姓来说又有什么重要意义呢。

《诗》云:"乐只君子,民之父母。"民之所好好之,民之所恶恶之,此之谓民之父母。

"乐只君子","只"是一个语气词,就是快乐的圣人君子啊。"民之父母",就是人民的父母。真正做一个君子是快乐的,有着发自内心的和谐和爱民如子的心性。"民之所好好之",老百姓喜欢的东西,他也喜欢,"民之所恶恶之",老百姓厌恶、抵制、拒绝的,他也厌恶、抵制和拒绝。此之谓"民之父母",心和老百姓系到一块儿,命运和老百姓连在一块儿,这样的人才能叫老百姓的父母。这个说法今天还有,我们说父母官、清官,就是爱民如子的意思,还有子弟兵,也是说他们和老百姓亲如一家的意思。只有这样,老百姓才会放心,才会听从您的指挥,否则就会出现国家的动乱。

《诗》云:"节彼南山,维石岩岩,赫赫师尹,民具尔瞻。"有国者不可以不慎,辟则为天下僇矣。

"节彼南山",《诗经·节南山》说,那巍峨高耸的南山啊。"维石岩岩",石头高耸入云,"赫赫师尹,民具尔瞻",威严赫赫的太师尹氏,人民对你高山仰止,瞻仰你,甚至是崇拜你。有国者不可以不慎,辟则为天下僇矣。

拥有国家、治理国家的人，手中握有重权的人一定要谨慎，不能够不慎。如果你不公平，有了私欲私心，就会有麻烦，就会受到诛戮。诛戮，说得多严重啊。你不公正，这个政权就可能会被推翻，你公正，老百姓就拥戴你，可以长治久安。把这个国家治理得"公正"、"公平"、"公心"。所以，天下为公，何其难哉。

《诗》云："殷之未丧师，克配上帝，仪监于殷，峻命不易。"道得众，则得国；失众，则失国。

"殷之未丧师"，殷商还没有失去民众的时候，即殷商那个国家还没有被颠覆，老百姓还跟随它的时候。"克配上帝"，还能够配和上帝相对，就是说那个时候的君王，还可以成为与上帝相对的地上的君王。"仪监于殷"，我们应该去反观自己，以殷商为鉴，就是前车之鉴。"峻命不易"，"峻"指大，上呈天命，大命要把这个国家治理好，太难了。为什么难呢？"道得众，则得国，失众，则失国"，得到老百姓的拥戴，得到民心所向，你就得到国家。相反，你已经得到国家了，但是你不去爱你的人民，作为一个地方官，你不去爱当地的老百姓，不想他们所想、忧他们所忧，而是"先天下之欲望而自取"，却把所有的那些贫穷落后推给人们，这样叫做"失众"，失去了大众，那你肯定失去国家。

过分强调自己的聪明，过分强调自己的欲望，强调自己所谓的报负，而把家、国、父母乃至所有的伦常置于不顾的人，战国时期大名鼎鼎的魏国人吴起是一个典型的代表。

为了求官，吴起把祖业田产当尽，换成钱去买官鬻爵，失败了，他就发誓，如果没做上大官，他誓不回乡，结果他的母亲去世了，他也不回来。他拜过曾子为老师，老师告诉他，你母亲去世了，按照儒家伦理，按照家庭伦理，你应该回去奔丧，他就是不回，曾子觉得这个人不可理喻，断然结束了他们的师生关系。

吴起这个人确实有点才华，更绝的是，他终于被鲁国任命为将军，鲁

吴起

吴起广场的雕像

国要征讨抵抗齐国的时候却有所疑虑,因为吴起的夫人是齐国人。为了得到这个职位,这个官迷竟然把妻子杀了,让鲁国放心,而且率兵把齐国打得大败,把她妻子的家乡杀得血流成河。最后人们终于识破了他,他在鲁国被人们疏远,最后吴起在楚国被乱箭射死。

父母亲不要了,妻子不要了,祖产不要了,老师不要了,他就要这个官,这个人他不是已经被异化了吗。一个人有才华,有报负,想治国,但是他无德无品,最后落得身首异处。现实生活中,这样被异化的人其实还有很多,所以《大学》提出警告,"得众,则得国","失众,则失国"。吴起可以说是失众的典型代表。

是故君子先慎乎德,有德此有人,有人此有土,有土此有财,有财此有用。德者,本也,财者,末也。外本内末,争民施夺。是故财聚而民散,财聚则民聚。是故言悖而出者,亦悖而入;货悖被入者,亦悖而出。《康诰》曰:"惟命不于常。"道善则得之,不善良则失之矣。

"是故君子先慎乎德",所以君子必须先慎乎德,就是首先要谨慎规范他的德行。慎乎德,使德行得到一种规范,要谨慎地对待这个问题。"有德此有人",只有有了德,才能拥有人民。这里的"人",指的是大众。有人,有了他的国民,有了他的民众,才有国土,就是他有国土。"有土此有财",

只有有了广阔的国土和人民，才可能拥有巨大的财物。"有财此有用"，有了财物，才可能拿来振兴国家，做出一番大事业。这里把"德"、"人"、"国"、"财"四个方面说得非常清楚。"德者，本也"，一个人的品德啊，是一个人的根本，而"财者，末也"，财只是枝微末节。有些人利欲熏心，他觉得人生不易，生命匆匆，因此赶紧聚敛财物，搜刮民脂民膏，认为那是最重要的，这个问题值得一谈。"外本内末，争民施夺"，远离了根本，而进入枝微末节，盘剥民众，掠夺他们的财富。"是故，财聚则民散"，所以你获得的财物越多，你的老百姓离散得就越厉害。"财散则民聚"，广施财富，让老百姓安居乐业，这样百姓反而聚集在你的身边，你才可以团结他们。"财聚民散"，"财散民聚"，这两句话充满了辩证法。一个光知道敛财的人，人们恨他咬牙切齿，而一个是真正痛人民之所痛、思人民所思的一个人，人民是拥戴他的。"是故言悖而出者，亦悖而入"，这句话稍微有点难懂，意思就是言语悖理说出，也会悖理然后弹回来。通俗一点说，你给墙一拳，你有多大的作用力，就得到多大的反作用力，你的手就会有多疼。"货悖而入者，亦悖而出"，货物是悖理而后敛财来的，悖离了人常伦理，那你今后就要为此付出代价。老百姓也有一句话说，你怎么吃进去的，你怎么吐出来。天底下没有免费的午餐，所有的事情都要付出代价，有些代价可能是一个人的，有些代价可能就是国家。

明朝朱元璋称帝以后，颁布政策，对盐、茶和马匹等资源实行国家专卖，而当朝的安庆公主的驸马欧阳伦却无视王法，走私茶叶中饱私囊，到后来竟然利欲熏心，每每以驸马令要挟各级官员横征暴敛。然而好景不长，不久东窗事发，朱元璋震怒之余下令把他赐死，一个贪得无厌一心想吞天下之财为己有的人，最终落得了一个身首异处的下场。

这个例子很有警策作用，连皇帝的乘龙快婿都如此私心大，贪得无厌，想吞天下财为己财，最后身首异处，落得了一个不好的下场。当有私心的时候，当对世界盘剥很深的时候，那么这个人的命就危矣。

"惟命不于常",唯独天命不会不长,善良才能得到它。"道善则得之,不善良则失之矣",行道善良,才可以长久地和自然的道相对,不行善道,就会失去它,也可以理解为人间的善其实比道更重要。

道德修养的程度是君子能否治国平天下的关键所在,下文将引用《楚书》和《尚书·秦誓》中论据,对道德修养的重要性进行具体分析。

《楚书》曰:"楚国无以为宝,惟善以为宝。"舅犯曰:"亡人无以为宝,仁亲以为宝。"

《楚书》曰:"楚国无以为宝,惟善以为宝。"《国语》的《楚语》中说,楚国好像没有什么宝,只有善人才是宝,其实这个话是反过来说的,楚国有很多宝,但是最重要的"国宝"就是行善之人。舅犯,晋文公舅狐偃字子犯,所以叫舅犯。"亡人无以为宝,仁亲以为宝。"流亡的人没有什么可以算作是宝贝的,只有"仁义"、"亲爱"才可以作为宝贝。

《秦誓》曰:"若有一个臣,断断兮,无他技,其心休休焉,其如有容焉,人之有技,若己有之;人之彦圣,其心好之,不啻若自其口出。实能容之,以能保我子孙黎民,尚亦有利哉,人之有技,媢疾以恶之;人之彦圣,而违之俾不通,实不能容,以不能保我子孙黎民,亦曰殆哉。"

《尚书·秦誓》说,如果有这么一个臣子,他没有其他的技能,但他的心灵非常安详平和,而且能够容纳万物,别人拥有什么技能,就像自己拥有一样,这个很难。他不去嫉妒别人,不去羡慕别人,别人的精明和美好,他发自内心地去喜欢、去赞美,绝不亚于自己亲口所说出或者自己所拥有的,这样才能够容纳人民,能够保护子子孙孙与百姓。这儿谈的是治国平天下当中的"人之本",人之根本是善,这个"善"包括不嫉妒、不谄媚、不破坏他人、不收敛钱财,而是一心为公。要做到这一点,确实很难。所以,大道之行天下为公,为公者心有天下。才可以有天下。还有一种人,如果人家有技能,他就开始嫉妒,这对自己也是一种戕害。不能容纳人民,不能保护我的子孙百姓,这是很危险的。

以上详细论述了治国平天下的方式和方法，指明君子要有人爱宽容之心，而不应该嫉妒贤能，常怀公正之心，大道才能得以推行，天下才能得以平定。

唯仁人放流之，迸诸四夷，不与同中国。此谓唯仁人为能爱人，能恶人。见贤而不能举，举而不能先，命也。见不善而不能退，退而不能远，过也。

把有仁德的人放逐到很远的地方去。什么地方呢？四夷的边僻之地。这就是那些不好的人嫉妒贤能，专门为人家设置障碍。良善美好的国家要排斥这样的人，要保护好的子民，不能接受那些不好的人。现在也是这样，去办出国签证，各个国家都要看你是否有触犯法律的一些品德的记录，就是这个意思。

此谓唯仁人为能爱人，能恶人，只有仁德的人才喜爱人民，才厌恶那些不受欢迎的人。见贤而不能举，见到了贤人而不能推荐，不能把他重用。举而不能先，命也，这个"先"很重要，就是你举了，但是不让他领先，不把他放到比自己的位置还要靠前的地方，那说明了你自己没有推举最优秀人才而不避嫌的那种能力。

见不善而不能退。那些不好的人，你不能辞掉掉，不能推开他。那些小人，你不能够回避他。退而不能远，回避了又不能远离他。过也，那你就会犯错误了。这意思就是要远小人，亲贤者。

好人之所恶，恶人之所好，是谓拂人之性，灾比逮夫身。是故君子有大道，必忠信以得之，娇泰以失之。

好人之所恶，恶人之所好，是谓拂人之性。人们喜欢的东西你厌恶，人们厌恶的东西你很喜欢，总是那么很别扭，总是那么不入潮流，总是和这个时代显得那么格格不入。这是什么呢？拂人之性，是违背人性的。灾比逮夫身。你的灾难紧跟着就要来了。是故君子有大道，就君子你拥有的人生的大道和规律是什么呢？必忠信以得之，娇泰以失之。你忠，你诚信，

你就必然和你人生的大道的规律一致,必然能够条条大路通向你的目的地。相反,娇泰以失之,过分骄傲,甚至是偏离诚意正心的中正之心,必然失去它。

生财有大道,生之者众,食之者寡,为之者疾,用之者舒,则财恒足矣。

君子爱财,而取之有道。天下有那么多人,要完全把私利都去掉,完全就喜欢贫穷的,少。孔子也说,富而后教。一个国家,如果没有财富,国库不充盈,人们温饱没有解决,教育怎么可能施行呢? 当然孔子也欣赏"一箪食,一瓢饮"那种忧道不忧贫的精神,但是一个国家的富强还是很重要的。

生财有大道,可以爱财,但是有他要遵循的原则。生之者众,兢兢业业从事生产的人很多, 大家都拼命地去为这个国家的富强而努力工作。食之者寡,分而食之的少,用今天的话说就是消费的人少,更不要说消费主义了。合理的消费,是维持一个国家、维持一个家庭、维持一个生产劳动力再生产的必要前提,而消费主义则会害了这个国家。所以提出"生之者众,食之者寡。"为之者疾,生产的人要高速地生产,提高生产力,加速自己的转化过程,就是人力转化为财力的这么一个过程。用之者舒,要慢慢地享受,慢慢地消费,不要一下子把所挣来的钱花光,一下子把国库全都掏空了。则财恒足矣,这样一个国家、一个家族的财产才会长久地保持充盈,保持国库很充实。

仁者以财发身,不仁者以身发财。

仁德的人,以财来使自己的身心发达。而不仁的人,以身发财,就是通过自身以发达财富。很多人觉得,我就是要拼命挣钱,于是没日没夜地熬更作业,拼命地与为金钱这个外在的目的而戕害自己的身体,这就叫做"以身发财"。以身发财者,是把财变成目的,而把自己、家庭和国家看作手段。相反,有仁的人,他是以财发身,他把财用来拓展自己的知识,拓

展自己教育,扩大自己的交友的方式,增加自己的对世界的把握和对知识的了解。读万卷书行万里路,广为交友,以天下为目的,就叫做"以财发身"。话说起来比较绕,其实就是手段和目的的问题,个体、家族、国家是目的,发财只是手段。康德说过:"什么才是目的?人才是目的。"在这一点上,康德和《大学》有异曲同工之妙。

未有上好仁,而下不好义者也,未有好义,其事不终者也,未有府库财,非其财者也。

未有上好仁,而下不好义者也,就是没有说上面的领导很仁义很仁慈,而下属却很贪婪很坏,这种样子很少见的。未有好义,其事不终者也,没有好道义,他的事业就不能达到目的。反过来说,就是上行下效。上面行仁,下边就跟随其义,上面好义,那目的就能够达到。未有府库财,非其财者也,从来没有钱库的财务,不是他的财货。这话的意思就是说,只有把财产看得很轻的时候,财产才能为你所用。

孟献子曰:畜马乘,不察于鸡豚,伐冰之家,不畜牛羊,百乘之家,不畜聚敛之臣,与其有聚敛之臣,宁有盗臣,此谓国不以利为利,以义为利也。

孟献子曰:畜马乘,不察于鸡豚。已经养有马匹的有一乘的小官,就不要去细察那些鸡豚的数量了。就是说已经有一定的财富作为他的保证了,已经有他的官饷了,就不要再去贪婪那些鸡啊猪啊等等了。伐冰之家,伐冰是什么意思呢?就是一家人如果有了丧事,他的级别已经允许他把冰放在尸体旁边保存多少天,这是一种待遇,相当于是一个大夫了,这样的家庭属于中上级干部了。不畜牛羊,他不需要再去敛其他的像牛羊这样的财产了。百乘之家,不畜聚敛之臣,已经有百乘之家的人,就不要再去收罗那些为自己收集民脂民膏的弄钱的人了。与其有聚敛之臣,与其有那些去搜刮民脂的所谓的人,帮自己弄钱的人。宁有盗臣,不如去养那种盗国窃国之臣,就是对这样的事非常厌恶。此谓国不以利为利,以义

为利也。一个好的国家，不应该以那种利益财物为自己用，应该也义为利，把道义看作是最高的利益，看作是国家利益。

长国家而务财用者，必自小人矣，彼为善之，小人之使为国家，灾害并至，虽有善者，亦无如之何。此谓国不以利为利，以义为利也。

为什么要不以利为利，要以义为利呢？掌握国家的命运，但专门去搜集财务，以供一饱私囊的这种人，必自小人矣，这一定是出于于小人的主意。彼为善之，小人之使为国家，灾害并至，如果他们被善待、被重用，让这些小人去治理国家，去戕害人民，灾害并至，可以说国家就将不国了。虽有善者，亦无如之何，在处处都是小人的国家，满地都是"侏儒"，私心杂念、祸国殃民的人充斥着这个国家，虽有行善的人，也回天无力了。此谓国不以利为利，而以义为利也。它强调一种道义，一种担当。在今天这个金钱至上，消费主义已经全球化的时代，重读《大学》，不以利为利，而要以义为利，它不是迂腐，也不是腐朽，更不是没落，它保持了一份人类的童真。

《大学》告诉知识分子，要以义为自己的原则和纲领，而不以利为利。君子要担当道义，以天下为己任，才能对国家乃至天下达到教化。

第十章　结语

通过知微见著、由小及大、由我及国,最后达至天下的过程,《大学》宣誓一种了思想,这个思想就是开宗明义的第一句话:"大学之道,在明明德,在亲民,在止于至善。"

在明明德,就是放大光辉,启开被世俗所遮掩、被利欲所遮盖的那种大德性。这就是《大学》告诉人们的首要的东西。

在亲民。要把自己已经启开的心扉,放大到整个社会上去,成为老百姓,成为他人共享的一种品德。

在止于至善,要知道停止在什么地方,在悬崖勒马的地方,在贪婪的地方,在心里有偏窄不公的地方,要停下来,回到一种中正、平和、美善的心境当中,在诗意的栖居、美好的家园居住,把那些不善的或非至善的东西排除掉,有所取,有所得。

通过什么方法来做到呢?

格物,穷究大千世界的原理,尊重客观事物的规律。

致知,把外在的知识逐渐变成自己的一种智慧,那些对抗大自然,认为可以奴役大自然,甚至是去破坏大自然、破坏规律的人,最终将受到规律的惩罚。

诚意,意是没有显示和言说出来的思想,主要是内在的活动和心灵的波动,这叫诚,所以要慎独。

正心,正心就是公心,放弃一己私欲,把心换成一种中正的公心。

修身,言辞要雅训,合乎规范。行为的方式和仪态要平和而且身心合一,不能面和心不和,身心相分,嘴上说一套,心里想一套。

齐家,在整个家族当中显示出自己管理的能力、协调的能力和整齐整饬秩序的能力。

治国,然后由家及国,把家庭伦理和国家伦理逐渐地合而为一,对待国家的其他的人民,就像对待自己家庭成员一样充满了爱心。

平天下,最后才可以让天下太平。需要补充说明一下,当时说的国,主要指的是诸侯的国,当时说的天下,说的是四海之内,和今天所说的全球和世界还是有一些区别的。在今天这个全球化时代,我们也可以把"天下"看作是我们整个地球、我们整个人类。从这个意义上,我们可能会发展儒家思想当中一些合理的成分。

《大学》提出"三纲"和"八目"的主要目的是为了约束君子品行,使其逐渐达到完美人格,并对社会做出贡献。大学之道是一个人的成年的仪式,从年龄上讲,十五岁开始进入大学,这时候他学的是成人之礼,他必须掌握一整套的社会话语、社会伦理以及谦让、礼让、仁爱之心。

究竟具备什么条件,才可以称为君子呢?君子的境界是一种什么样的境界呢?那就要回到孔子所说的君子,《大学》虽然是曾子所作的,但基本上可以说是孔子思想的延续,是儒家思想的延续。

第一,君子是行中庸之道、忧道不忧贫的人。中庸之道是一种很高的境界。忧道不忧贫,说明对道担当,对道义的施行,对大道的普天下的贯彻,已经成为他的头号的任务,而贫只是他身份当中的一个过程。

第二,君子责己宽人,群而不党,已欲立而立人,已欲达而达人,这是非常重要。这种群而不党,不拉小圈子,不拉帮结派,不搞宗派主义,正是一种"仁者爱人"思想的放大,在今天仍然具有重要意义。

第三,君子博学慎思,三思而后行。学很重要,大学之道的学,就是要每天去掉自己心中那些不好的东西,启开那些被遮蔽的东西,启发出本性当中的光明。要博学慎思,不仅慎思,还要慎独。做什么事都不能鲁莽行事,三思而后行。三思是什么?思这个事情会不会损害他人,思这个事情会不会损害家族,思这个事情会不会损害国家?通过三思以后,要利己、利国、利他、利家族的事情才可以做。

最后，君子与小人相对，要亲贤臣，要远小人，诸葛亮的话就是儒家思想的体现。今天也说：近朱者赤，近墨者黑。其实就是说，一个人要自己营造周边的美好的人文环境，去掉那些不好的东西，这样才行。

《大学》是在先秦，尤其是战国时代，从"礼仪"逐渐转向孔子的"仁"，又从"仁"体现为"君子"的过程中提出来的。大学之道，就是把社会的伦理内化成内在的仁心和仁爱，又把这种仁心和仁爱变成一种外界看得见摸得着的君子的形象。只有这样，人类才会是真正的成为大学之道的人。

《中庸》

第一章　谈谈《中庸》

"中庸"这个词的名声似乎不太好,已经被人们所检讨和反省,甚至变成被很多人嘲笑的对象了,很多人甚至认为,现代的中国,尤其是"五四运动"以后,中庸是已经被抛弃掉的一种思想,在二十一世纪的今天来谈论《中庸》还有什么意义呢?是不是单纯只是为了所谓弘扬民族传统文化呢?

事实上不是这样的。"孔子曰:中庸其难哉。"孔子的一生都很难做到几次,何况一般的人。要说《中庸》这种今天被认为是很一般,但在古代被认为非常重要的思想,它的意义和价值何在?就要回头来看看"中庸"在汉字的语库中具有怎样的意义?

中庸之道被古人称为中道或中和之道。"中庸"是儒家的重要道德准则,是儒家所追求的为人处事的最高规范。何谓"中庸"?"中庸"一词最早由孔子提出,孔子在《论语·雍也》中说:"中庸之为德也,其至矣乎,民鲜久矣。"充分盛赞了中庸之德的高尚,同时也指出了实践中庸之道的难度。由于没有明确的内涵,所以对于"中庸"的解释历来众说纷纭。汉儒郑玄说:"名曰中庸,以其记中和之用也。庸,用也。"最通俗的解释即去两端、取中间,用朱熹《中庸章句》的说法,即其师程颐所说的"不偏之为中,不易之为庸",朱熹又自注:"中者,不偏不倚,无过不及之名。庸,平常也。"进入现代社会以后,"中庸"更是被冠上了"折衷"、"骑墙"的帽子,而遭遇了误读。

《中庸》何以会被人误读?《中庸》的真正内涵又该如何理解呢?

为什么有些人会提出"中庸"就是"折衷"、"骑墙"呢?在"五四运动"时期,中国因为落后挨打,很多人感觉这种吁嘘唱叹、不偏不倚、持中的态度,对生产力、对国家形象的改变、对个体的刚健清新缺乏一种原动

力，总觉得不够给力，所以就把西方的竞争、西方的竭泽而渔、西方的"时间就是效率，时间就是金钱"，还有高效、快速、迅速、提升、发展等等，都拿过来取代了中庸。在这个谱系上，中庸显得那么落伍，那么不够现代化，在人类价值当中好像是即将被抛弃和嘲弄的东西了，但这其实建立在误读之上的。

"中"是什么意思？不偏不倚。很多朋友会说，不偏不倚很容易呀，你们说东说西，我就说个中，你们说上说下，我就说一个中，你们说左说右，我就一个中，这还不容易吗？这太简单化了。"中"是一个度，对复杂难做的事情要把握一个度，这个度既不能过分，又不能不及。要把握这个度，很不容易。比如大家都知道，美术上有一个0.618的黄金分割，在画面构成上要达到这种黄金分割，才能感觉到是极其美妙而且合乎人的视觉感受性的。拿这条定律去衡量所有大师的作品，他们的杰作几乎都是能达到的，而那些失败的作品、那些三流的画家的作品就远离于此。为什么呢？因为"中"后面还有一个"庸"。

"庸"，一般解释为平常，平平常常，日常生活，这种解释有些偏差，要解释"庸"字，应该回到汉代许慎的《说文解字》："庸者，用也。""用"就是实践，就是把你在纷繁复杂的世界当中把握到的那个度，实际运用于你的生活、运用于你的实践当中。

如果说"中"是知，很难，那么"庸"就是实践，更难。"知难，行也难"，所以孔子才说他一辈子没有几次实现中庸之道。

孔子曾用"执其两端，用其中于民"来赞美虞舜的中庸之德，"用其中于民"正是中庸之道的具体体现。将"庸"理解为"用"，正与孔子"中庸之本矣"一脉相承。同时将中庸的关系解释为知行关系，"知易行难，知难行更难"，因此也不难理解孔子会发出"中庸其难哉，民鲜能久矣"的感叹。

举一个例子，看看中庸是何其难做。

孔子有很多的学生，他最喜欢的学生是颜回，颜回之可爱，不仅仅是

一箪食,一瓢饮,而在于他听道闻道的时候就像一个很愚蠢的人一样,但他像海绵一样吸收。跟颜回正好相反,孔子最不喜欢的一个学生伶牙俐齿,充满了机锋,这个学生的名字叫宰予。

宰予言词伶俐,经常向孔子提出一些刁钻的问题。有一次他说,老师认为父母去世,子女要守孝三年,方为孝道。而三年不为礼,礼必坏。三年不为乐,乐必崩。守丧会导致礼坏乐崩,因此他认为守孝一年就足够了。孔子虽然很不乐,但没有当面表现出来。宰予走后,孔子感叹说:"予,不仁也。"

"予,不仁也",宰予这个人不仁不义,孔子对这个学生的批评很重。后来孔子终于逮住一次机会批评宰予,如果按中庸之道来说,这一次的批评有欠公允。

"宰予昼寝",就是宰予白天睡觉,孔子很生气,说他"朽木不可雕也,粪土之墙不可圬也"。作为一个老师,孔子居然批评学生像朽木一样不可雕,完全提不起来,太差劲了,粪土之墙不可圬也,麻袋怎么能做龙袍呢,他的基础底子很差,怎么可以做大事情呢,他白天睡觉,他还能做什么事,这已经不是一个很勤奋的好学生了,他还能做出什么呢。这大概是温文尔雅的孔圣人最动肝火的一次震怒了

孔子的这个批评太过了,一个学生有疑问,他将了你一军,你终于逮住一个问题,再去将他一军,这就太过了。好在孔子是一个不断地修正自己的伟大的教育家,到了晚年,孔子也意识到自己对宰予的态度有失公允,他对包括宰予在内的弟子们进行了重新评价。在孔门弟子十哲中,他认为宰予是言语科中的翘楚,充分肯定了宰予的言词之能。孔子穷其一生才重新回到了公允中庸的坐标,这不能不说明中庸之道实践起来的难度。

中庸思想是由孔子提出并推为至高的道德标准,《中庸》一书作为传述孔子这一思想的著作,是由谁来完成的呢?

孔子

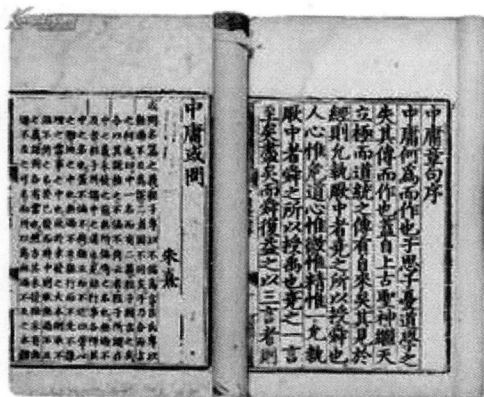

《中庸》

　　《中庸》的产生有很多种说法。一种说法是在孟子之前，由子思及其弟子撰写的。子思是孟子的老师，他直接承于孔子的思想，而且把它扩大、浓缩、精炼成《中庸》一书，不仅变成了一种思维的，而且是德行的，甚至是关于天地人关系的中庸之道的书。这本书之所以重要，意义就在于此。还有一种说法，认为是在孟子以后，是先秦前的一些儒士共同作成的。一般认为应该是子思及其弟子所作的书，不仅司马迁和朱熹等人这样看，在今天海外的儒学研究中，这样的观点也成为一种比较重要的观点。

孔伋，字子思
孔子的嫡孙、孔鲤的儿子。

　　据《史记·孔子世家》记载，孔子生鲤，字伯鱼，伯鱼生伋，字子思，年六十二，子思作《中庸》。子思大概生于公元前483年，卒于402年，荀子把子思和孟子看成是一个学派，从师承关系上来看确是如此。

　　子思学于孔子的高足曾子，孟子又学于子思，从中庸的基本观点和孟子比较来

看也是如此,二者只有详略的不同而没有本质的区别,因此子思作《中庸》的说法为历代著书家所遵循。

朱熹也认为《中庸》的作者应该是子思及其弟子,他还有一篇提示。

子程子曰:不偏之谓中,不易之谓庸;中者,天下之正道,庸者,天下之定理。此篇乃孔门传授心法,子思恐其久而差也,故笔之于书,以授孟子。

其书始言一理,中散为万事,末复合为一理,放之则弥六合,卷之则退藏于密。其味无穷,皆实学也。善读者玩索而有得焉,则终身用之,有不能尽者矣。

程颐先生说,不偏不倚谓之中,不易不变谓之庸。"中"是天下的正道,"庸"是天下的至理,最大的原理,《中庸》可以说是孔子门生或者孔子传授心得体会和关键方法的一篇重要结晶。

最初这本书只强调一个道理,并且把这种道理分而阐释,最后又回归到这个道理,这个道理就是一个字"诚"。天下之大,天地人之间的天人关系,人与自然的关系,而人是主体,人如果违背了"诚"这个本性,变成了一个欺骗者、伪善者、伪君子的话,这个社会就将大乱了。这个道理塞满天地四方,而又深藏于内在心性,它的趣味无穷无尽,而善于阅读的人玩味探索以后必有所得。"诚"对一个人一辈子来说,是取得不尽、用之不竭的宝藏,这是《中庸》的一个提示,这个提示是非常高的。朱熹评价《中庸》:提挈纲维,开示蕴奥,历选前圣之书,未有若是之,明且尽者也。这是对《中庸》极高的评价。

《中庸》一篇起初并非独立存在,而是作为《礼记》中的一篇而备受历代著书家瞩目。宋代理学家朱熹把它与《大学》《论语》《孟子》并列为"四书",被推崇为实学。元代以后被列为学校官定的教科书和科举考试的必读书,至此《中庸》的地位被确立了下来,并对古代教育产生了极其深远的影响。

程颐

朱熹

《中庸》这部对中国古代教育影响深远的著作，究竟阐明了什么观点，作者又是如何阐述孔子提出的中庸之道的呢？

《中庸》全书分为三十三章，主要是子思对孔子中庸思想进行的发挥和完善。

子思在《中庸》一书中将中庸表述为"中和"，认为"中也者，天下之大本也，和也者，天下之达道也。""致中和，天地位焉，万物育焉。"。全书的主旨就是"致中和"，意思是通过不偏不倚的方法处理万世万物，使人们达到和谐相处的理想境界。"致中和"的前提是，要求人们通过道德的修养，恢复人固有的善的本性。要恢复人的本性，首先就要努力做到"诚"，因为"诚"是"物之终始"是沟通天道和人道的桥梁，因此可以说"诚"是《中庸》一书的关键所在。

为什么说《中庸》的关键是"诚"呢？"诚"有三个方面。

第一个方面是连接天和人，它是天人合一的一种规范，也是从孔子以前的礼转向人、从天转向人的一个重要的转折性的过程。

第二个方面是贯通天地人，使得天和人、地和人、人和人、人和社会处于一种和谐的状态，这是一种理想的状态。

第三个方面,"诚"强调了个体和群体的关系,它既是道德主体,也是道德的实践,既是个我自身的修养,也是人际关系的充分协调,更是国与国之间的一种避免战争、寻求对话、寻求沟通,最后达到和平状态的一种中庸之道。

子思的《中庸》一书,阐述并发展了孔子提出的中庸之道,"中庸"的思想是否是东方独有的思想呢？这又是一个误区。

东方的孔子首次提出了中庸思想，他的孙子子思把它写成一篇文章，最后被司马迁、朱熹所认可，并且朱熹把它变成了《四书》之一，甚至可以说变成了《四书》的最重要的哲学本体论的纲领。《大学》作为入门，《论语》《孟子》作为展开，而《中庸》是《四书》的收束和最后的结晶。

在公元前五世纪，相当于战国时期初年，在古希腊也有中庸的思想。西方有一位伟大的哲学家叫做柏拉图，他提出中庸思想，而他的弟子亚里士多德同样把他的思想发扬光大，不仅写出了《政治学》，而且还写出了《尼各马可伦理学》，充分地阐释这种中庸思想。

柏拉图

亚里士多德

孔子、子思与柏拉图、亚里士多德，在中庸这一观点上不谋而合且秩序相近，决定了中庸在中西古典伦理思想中的核心地位，更影响了中西方世界两千年来的发展进程。然而进入近代以来，社会节奏发生变化，中庸思想的地位和作用也逐渐被人们所质疑。

在西方，由于片面强调发展进步，人们逐渐越过了中庸的不偏不倚

的平衡发展之道,过度开采,竭泽而渔。过分强调外部发展,最终导致了人们精神的缺钙和梳理。

如果说西方是因为过而要退回到中庸,那么东方又是怎样偏离中庸之道的呢?作为东方的亚洲,不管是南亚、中亚、东亚,都存在一个高速发展的问题。中国过去相当长一段时间内是不足,发展缓慢,所以出现了"五四运动"以前的中国落后挨打的情况,但是经过一个世纪向西方学习,中国在不断地觉醒,大幅度地提高国民对科学、对规律、对社会发展蓝图的认识,而不仅仅局限在个人的内修道德方面。

中西方或者东西方关于中庸的问题,都是从人类思想的发源开始的。东西方社会在偏离中庸之道之后,都出现了不同的社会问题,我们把它统称为中庸思想的失落或者中庸的度和用的失落。于是,在全球化时期,作为一种古老的精神遗产,中庸又重新被提了出来。我们现在讲《中庸》,就是要在今天的全球化现代化中,逐渐去发现过去那些思想中还有生命力的部分,同时也要反观过去思想当中已经失效的部分再加以剔除。

《中庸》的思想是一种哲学本体论,它之所以在一百年以前开始失效,用尼采的话来表达就是因为它生得太早。人类的童年,不管是中国的先秦,还是西方的古希腊,那个时候的哲学家们有诸多的思想并不是很成熟。西方社会的现代化理论发展到极限,引发了竞争、斗争和战争,而中庸之道所倡导的和平、和谐、和睦的思想正逐渐被人们重新认识和评价。世界发展到今天,经过了否定之否定以后,中庸的思想应该更加有用处。因为人类更加成熟,人类希望自己和他人、自己与社会、自己与国家、国家与国家之间充满冷静的思索和辩证的发展,既不过又无不及,达到一种中庸之道的境界,这样人类的和平才不再是空中的楼阁。在今天这个全球化时代,整个世界都在关注东方精神,中国人也要重新评价自己的文化经典。

第二章 何为"中庸之道"

作为《四书》当中的最重要的思想,《中庸》被历代文人、历代的哲学家说成是《四书》当中最难懂的一部书,它究竟说了什么？为什么难懂？

天命之谓性,率性之谓道,修道之谓教。道也者,不可须臾离也,可离非道也。

日常的用语一般都是锅碗瓢勺,《中庸》开篇就出现了这么多的大词:天、地、人、神。陆地很大,比陆地大的有海洋,比海洋大的有天空,比天空大的还有宇宙。"天命之谓性",有一个关键词"性";"率性之谓道",有一个关键词"道";"修道之谓教",有一个关键词"教"。中国语言的丰富和凝练于此显现出来,不到二十个字,就出现了这么几个大的关键词,确实让人很振奋,也让人很疑惑,他究竟想说什么。

"天命之谓性",什么叫天命呢？天,大自然的天,西方还有宗教伦理的天,还包括说话时的情绪化的天,"我的天哪,这事儿怎么得了啊。"这个"天",既带有形而下的自然的天,也带有形而上的思想、哲学、理念中的整个宇宙的意思。天命赋予人的人性就是自自然然的,这一点是强调了儒家的性本善。"天命之谓性"就是按照这种天命的规律去发展自由生动的人性。"率性之谓道",按照你的人性自自然然去做,就算依据了大道,依据了生命和宇宙的规律,不能拧着来,不要去违反这种规律,违反规律的人最终要受到规律的惩罚,因为规律大于个体。"修道之谓教",修,不是去修道,道是蓬勃于天地之间的浩然之大气也,你何以能去修它呢。那修什么呢？修自己,不断地去修养、提升和陶冶自己,然后和大道合而二一,与大道相同相合相正相当,这就叫教化,这就叫教育。遵循自然,然后获得道行,然后得到教化和提升。"道也者,不可须臾离也",这个规律,这个宇宙间的道,人的本性要遵从和谐这个道,一会儿离开都不行。

很多人有一些私心杂念，内心阴暗，就可以说离道很久，当然会受到道的惩罚。"可离非道也"，能够离开的东西，就不是大道了，有些人一辈子是与道无缘的，所以要回归到大道，不可离道。

这一部分主要阐释了儒家学派对"道"的理解，文中提到自然形成的禀赋叫做人性，遵循各自的人性叫做道，修明并推广这些道就叫做教化，道是片刻也不能离开的，可以离开的就不叫道。

是故君子戒慎乎其所不睹，恐惧乎其所不闻，莫见乎隐，莫显乎微，故君子慎其独也。

"是故君子戒慎乎其所不睹"，所以有教养的人应该要注意警戒，要谨慎，谨慎什么呢？"其所不睹"，就是在别人看不到你的时候，在你一个人待着的时候，你要注意，你要戒备。"恐惧乎其所不闻"，在人家都听不到你的地方，你也一定要注意，你要有一种恐惧。这句话还有一种解释，就是要警戒那些自己看不见的东西，要惶恐恐惧那些自己听不到的事情。这么理解也有一些道理，比如说有神吗？没人能找出个实体来，那为什么还说"天知地知你知我知"呢，这其实是告诉你，在超越你我之外，还有你看不见和听不到的东西。"莫见乎隐，莫显乎微"，这里的"见"读"现"，是表现、呈现的意思，没有什么东西比更隐讳的东西更容易被人看见了，所以有些人认为，我把自己的那种贪欲、自己的那种凶悍、自己的那种愚蠢藏起来，别人就看不见了，其实是藏不起来的，它会更加显示出来了。极其微小的细微的东西，它都会呈现出来的。你认为很多事情很小，你去拿小利，那你今后可能在见大利时去拿大利，最后甚至可能去窃国。"故君子慎其独也"。书法家都喜欢写"慎独"两个字，意思就是谨慎、恐惧自己单独的时候，不要去做坏事。在这个意义上来说，中庸的关键词就是"诚"。"诚"的对立面是"欲"，私心太多，私欲太大，你就会处处为了自己去努力，你就会说很多的谎言。《中庸》告诉我们，要放弃一些东西，人不要做加法，要做减法，把自己心里想得到的一切物质的、利害的、欲

望的、权利的以及所有名誉的东西,该放弃的要放弃,这样你才能回到一个本本分分、诚诚实实、规规矩矩、坦坦荡荡的人,这就叫做"修道之谓教"。

这一部分论述了人的自我修养与自我反省的要点,指出有道德的君子要慎重对待自己的独处,对大家所看不到的地方心怀谨慎,对大家听不到的地方也心存畏惧,只有这样才能摒弃外部诱惑产生的私欲,使天然的美好品德充实起来。

喜怒哀乐之为发,谓之中,发而皆中节,谓之和。中也者,天下之大本也。和也者,天下之达道也。致中和,天地位焉,万物育焉。

前面说了这么多,关于天,关于道,关于教,关于慎独,总不能让我把喜怒哀乐都闷在肚子里,见人永远都只说三分话,那不是虚伪嘛。怎么解决这个问题呢?这就要从天、地、人、神进入人的心理部分了。喜、怒、哀、乐是每个人都会遇到的,该怎么去对应呢?

"之未发",在还没有产生、还没有发展的时候。"谓之中","中"的含义就是合度。"发而皆中节",可以发,可以表现出来,但是要有一个度,不能够哭天抢地,不能够装疯卖傻,不能够恶语伤人,也不能够自己独乐,应该怎么做呢?"发而皆中节,谓之和",要达到和谐,既不伤人,又不伤己,更不去伤这个社会,这就是中庸思想的关键。

"中也者,天下之大本也","中"是天下之根本,你的喜怒哀乐不是不发,而是要酝酿好找到一个合适的途径来发。"和也者,天下之达道也",和谐是天下最通达的道理, 是天下最能够团结大家共同往前走的一条路,所以是达道也。

"致中和",应该努力去做到"中"和"和"。如果做到了会怎么样呢?"天地位焉",天和地都各得其所,各得其位,不会天地乾坤颠倒、黑白颠倒,朗朗乾坤,人们安居乐业。万物育焉,万事万物按照自己本来的面目,以良好的状态蓬蓬勃勃地发展,生生之为意。

这一部分点明了"中和"的功效和极致,"中"是天下的本源,"和"是天下的普遍规律,只有做到"中和",才能使天地安处其位,万物生生不息。

《中庸》第一章点明,君子要遵守大道,谨慎独处,只有这样才能掌握中庸之道,促成"中和"。开篇第一章在《中庸》全书中有什么样的地位呢?

第一章是后面几十章的纲领,它从天、道、教,谈到慎独,最后谈到了"致中和",努力去达到这个中和,最后整个社会才能各得其所,各得其位,安居乐业,各得其育,万物蓬蓬勃勃地发展,而不是以邻为壑,不是我的发展就要遏制你的发展。"己欲立而立人,己欲达而达人","己所不欲,勿施于人",你要立起来,你要站起来,变成一个顶天立地的人,有了一份大事业,你还得让你周围的朋友都能够立起来。你要发达,你要有美好的前途,但你不能去损害别人的前途,你得让别人跟你一样,也有美好的前途。这个已经被写进了《联合国宪章》,他们认为,中国的传统思想在今天来看并没有过时,它仍然是人类的伦理,是人类社会交往、人类国际关系中的重要准则。

君子和小人对待中庸的态度有什么不同?造成这种差异的原因又是什么呢?《中庸》第二章引用孔子的言论进行分析。

仲尼曰:君子中庸,小人反中庸,君子之中庸也,君子而时中;小人之中庸也,小人而无忌惮也。

"君子中庸,小人反中庸",孔子在相当一段时间之内都是用君子和小人作为一种例证,他其实是告诉人们最高和最低的极限,当然君子很难做到,比君子更高的就是圣人,其难哉!君子中庸,这个话有两解,就是君子采纳的方法,遵循的规律,就是中庸之道,就是不偏不倚,坚持走正道,正路应该就是不偏不倚之路,那就叫中庸之道,所以君子遵循试行中庸之道。反过来说,一部分人正因为遵循了中庸之道,他才成为君子,而小人反对中庸,违反中庸,不遵循中庸之道,专门走侧锋、走偏锋、走捷

径,他违反了要不偏不倚,他偏要去偏,偏要去倚,偏要去过分,这都是反中庸。

"君子之中庸也,君子而时中",君子之所以能够中庸,是因为君子实实在在地、时时刻刻地都按照中庸去办,都处在中庸的状态当中。"小人之反中庸也,小人而无忌惮也",小人之所以去违反中庸,是因为小人不按照规律去办事,道的规律是存在的,有人偏要跟我叫板。规律是什么?比如水一百度开,如果把手搁到一百度的水当中,你的手就会烫伤,小人不按照这个规律办事,他肆无忌惮,怎么想怎么搁,他就把手搁到了那个水当中,因此小人就被规律烫了手,这难道不值得我们思考吗?君子时刻用中庸之道约束自己,而小人则肆无忌惮视大道为无物,对比君子和小人对待中庸之道的不同态度,对于我们有什么启发呢?

这一段其实是告诉我们, 人要按照君子的方式遵循规律去做事,世界上最可怕的不是自然规律,而在于内心的肆无忌惮,正是因为这些,使我们离开真理非常远。君子不是一个高不可及的人格境界,不是说一辈子都达不到的一个优秀的地位。孔子告诉我们要回到平常心。我们常说,绚烂至极,归于平淡,为什么?淡极始知花更艳,这个淡是绚烂之后的淡,是一种复归的淡。人平平常常才是真,按照规律去办事情,戒贪、戒躁、戒一味地去自大,这样的人才真的是达到"真"。

孔子强调不做小人,小人有两大缺点:第一,反中庸,"反"就是有意违之对着干。第二,肆无忌惮,完全不按照规律办事,无所顾忌地按照自己的内心去做事,按照内心的贪欲去做事,把贪欲顶到极点。注意,小人离我们不远。

鲁迅先生说,他从一个黄包车的车夫身上,看到了自己皮袍下榨出的一个"小"来,他看到了黄包车夫作为工人的那种高尚、那种伟大,看到了作为一个知识分子,自己还有一些没有荡涤清的自私、不光彩,甚至不明朗的东西。每个人都不是天生的君子,每个人都离小人不是很远,每天

鲁迅

黄包车夫

三省吾身，防止那些贪、婪、一味求大、损人利己的"损"，这才是使得自己远小人而逐渐成为君子的关键。在君子和小人当中选择什么？这是强调自我修为，选择自己的觉醒，选择做事发自本心，平平常常去做事，主动去做事情，比被动去做事情要好，因为主动是按照内心的善良的愿望自然去做。而被动做事，往往是迫于外在的压力，迫于外在的律令去做事，这样做的事情往往可能事与愿违，甚至南辕北辙。

《中庸》的第一章是子思立言，表明传述孔子中庸之道的意图，它是全书的纲领。从第二章开始的十章内容，是引用孔子的言论对第一章的内容进行具体阐述。《中庸》的前两章，点明了"性"、"道"本源于天，"道"一时一刻不可离开自身，要从"戒慎"、"恐惧"、"隐显"、"慎独"等方面培养自身的品德，掌握中庸之道，促成中和，并引用孔子的话阐述了君子与小人对《中庸》所持的不同态度及其原因。

《中庸》开篇两章非常关键，尤其是第一篇谈得很大，天、道、教、慎等等，谈得比较集中的是君子和小人对中庸的态度。在今天这个信仰失落的时代，西方人信仰上帝，但是更多人的开始信仰钱包，《圣经》有一句话，当你获得整个世界而丧失了灵魂的话，你还有什么意义呢？对中国人而言，由于儒家思想不是宗教，它是平常心的娓娓道来的一种对话的方

式,很多人认为儒家思想的力量太弱了,因此一些朋友在无信仰以后开始寻找信仰,这个信仰就是钱,但是当你信仰钱的时候,问题只会更多。只有回到本性,让自己的本性发出光辉,这才是中庸之道精神的光彩。

　　虽然学术界有不同的看法,但一般都认为,《中庸》前面部分主要是子思把《论语》的缺文和孔子的一些行状、言说收集整理,后边才是子思及其弟子把它加以总结升华的理论,因此《中庸》前面几章大量地引用了孔子的话。

第三章　中庸之道为何难以推行

子曰："中庸其至矣乎！民鲜能久矣，"中庸合度而适行的不偏不倚之道是那么高啊，老百姓很久已经没有去做到了。中庸确实很难，难就难在人失去了自己的本性，失去了自己的常态，宁做光鲜的大事，而不做那种素朴的艰苦的事情，这样的情况如果成了一个国家、一个民族，一个社会的导向，那些真正扎扎实实为民请命的民族脊梁就少了，都喜欢走捷径，都喜欢以最小的投入获得最大的回报、最大的利润，这样的人多了，这个社会就将呈现一种"中庸其难哉，民鲜能久矣"的状态。

我们先看看孔子是怎么做的。孔子三岁丧父，十七岁丧母，家境十分贫寒，在《论语》中记录了孔子这样一句话："吾少且贱，故多能鄙事。"孔子究竟做过什么地位低微的事情呢？他先在鲁国贵族家里当过管理仓库的人员，后来又做过管理牲口的小官，由于小时候给富人家放过羊，因此很了解牲畜的习性，上任不久便制定了一系列卓有成效的饲养和管理措施。经过不到一年，饲养场里便牛羊成群，于是这年的祭祀都用了最上乘的好牲畜，朝野上下无不赞誉孔子，连鲁昭公对此也十分赞赏。

人类有一个劣根性，这个劣根性就是喜欢违反平常。谁要是说这个人平平常常、普普通通，他就说你骂我了，其实在孔子看来，这是对他最高的评价。我们今天提倡所谓的"竞争"甚至"斗争"，总是要想超越别人，总是不愿意成为真正的自己，总想要成为另外一个自我，所以人就变得缺乏平常心了。一切纷争都是源于不安于寂寞，一切战争和斗争的来源都在于人以邻为壑，想最大限度地让别人置于一种贫穷落后，而自己达到一种辉煌无比的状态，这种争夺和求异就出现了问题。

再看看孔子，他从来不怕做低贱的事情，他不怕别人说他平常，在他看来，能把低的做好，就能做高的，能把平常事情做好，就能做不平常的

事情,能把自己的事情做好的,就能把国家的事情做好。在这个意义上,不要因为善小而不为,不要因为恶小而去为之,这就是儒家思想提倡的从小处入手、从细微处入手,"莫显乎微,莫见乎隐"的"隐"和"微"就是这个含义。

在中国文化中,儒家强调"复性",就是让你的本来的美好的德行重新出现。就好比突然冷水浇背,陡然一惊,"醍醐灌顶","听君一席言,胜读十年书",都是突然把你原来已经遮蔽的那些东西给展示出来,才突然发现自己的本心,这就是儒家思想。而道家叫"归真",即回归到一种真人的状态,不要做假人。佛家强调见性或者叫做万发法惟心,也是要强调本性。

东方的思想中强调"性"、"真"或者"心"都是很重要的思想,我们不要妄自菲薄,因为"中庸之道"确实很难,民鲜能久矣,如果我们从小事做起,相信我们的"中庸之道"会变得更加普及。

"中庸之道"为什么不能得到很好的实行呢?

子曰:"道之不行也,我知之矣,知者过之,愚者不及也。道之不明也,我知之矣。贤者过之,不肖者不及也,人莫不饮食也,鲜能知味也。"

子曰:"道之不行也",这个"道位"就是"中庸之道",中庸之道好像已经不流通了,好像实行得很少。"我知之矣",这个现状我是知道的。是什么原因呢?"知者过之","愚者不及也",那种聪明的人做得过头,所以他离开了《中庸》,不太聪明的人或者笨一点的人做得不及或达不到,那么过和不及都离《中庸》甚远。"道之不明也,我知之矣",道之不昌明,我是知道原因的。

什么原因呢?"贤者过之,不肖者不及也","贤"即君子,就是孔子说的"圣人"、"君子"、"贤人"等。这句话意思就是贤良的人做德已经过了,而不贤良的人往往又达不到。孔子提出两个关键的概念,"过"与"不及",这正好是他列出中庸的两个极限,一端是过了,一端是不及。只有达到中间才合适。"人莫不饮食,鲜能知味也",没有一个人不喝水、不吃饭,但是

很少有人知其味,那个味道跑到什么地方去了呢？为什么食而不知其味呢？为什么眠而多梦呢？因为我们心在别处。心本该在这儿,但由于杂物缠身,很多事情使得我们好像灵魂出窍一样飘飘忽忽地思维,出现这样的情况,心必然生活在别处。

子曰："道其不行矣夫。"

"矣夫"是一个虚拟词,是一种自我反问。孔子发出感慨了,大道真的不能流行起来了吗？他将信将疑,但依孔子的想法他认为还是能做起来的,因为孔子就是一位知其不可为而为之的人。"道"真的就流行不起来了吗？"道"真的就消隐了吗？真的就没有了吗？如果"道"真的没有了,有那么多的知识分子,有那么多的人类精英,他们的存在还有什么价值呢？因为知识分子和精英就是担当道义,甚至可以说就是天下为公的仲裁者,正是他们才可以真正把自己明白的道理,启蒙了自己,同时也传给他人。通过这一种带有反问和自我疑问的方式,孔子肯定"道"通过努力是能够传下去的。

尧舜禅让

孔子感叹《中庸》在天下难以实行,然而自上古时候的尧舜禅让开始,"中庸之道"便开始实行,那么上古圣贤是如何实施中庸之道的呢？

子曰："舜其大知也与！舜好问好察迩言,隐恶而扬善,执其两用其中于民,其斯以为舜乎！"

子曰："舜其大知也与",虞舜真是大智慧的人了吧,我们得称他圣人、了不起的人了吧！

舜好问而好察迩言,这句话很有意思,他特别喜欢提问题。这就出现问题了,如果我们认为一个人德高望重,但又认为他的知识渊博还达不到舜那种圣人的境界,经常就会有一些批评文章说,某某教授或者某某博士连这么浅显的问题都不知道。其实这没有什么可耻的,孔子本人就很好问。《吕氏春秋》《礼记》《史记》等多种古籍都记载了孔子问礼于老子的事情。生于春秋末期的老子,博学多文,曾担任周朝的收藏室吏,当时的孔子虽远在鲁国,但醉心于周公所致的礼乐,对于老子更是抱有深深的敬意,汉代的《孔子问礼图》记载的是孔子与老子第三次见面。当时老子在家乡讲学,孔子在陈蔡被围后路过鹿邑,再度问礼,老子详尽地介绍了自己的辩证哲学观点,以及由此产生的对宇宙起源的基本看法,向孔子深入阐述了"圣人之道"、"修身之道"和"治国之道",揭示了宇宙万物的变化规律,并尖锐批评了奴隶制度,老子的话让孔子受到极大的启发和震动。孔子不光向自己敬仰的老子求教,更主张"敏而好学,不耻下问",这种好问的精神值得后人推崇。

"好问"可以达到两个目的:

第一,"好问"可以使得自己的事变成大家的事情,个人的困惑、个人往前思考的尖端问题变成共同思考来解决的问题。

孔子问礼

南京夫子庙的《孔子问礼图》碑

你给我一个苹果，我给你一个苹果，我们只是每个人各得到一个苹果；我给你一个思想，你给我一个思想，我们共同得到两个思想。思想是可以分享的，凡事不要急着下结论，让大家共同探讨可以防止自己的误读，防止自己的偏窄，而且只有大家都来关注这个事情，事情才会成功，这也是孔子好问、舜好问的原因。

第二，"好问"可以使自己不犯错误或者少犯错误，"好问"是一种有进有退的方式，它是征求意见，在前进的时候给自己留下来退路，在无路可走的时候还有一条路，可以告诉自己，原来这个问题解决不是只有一个方案，它可能有三个方案。

孔子对舜"好问"的精神推崇备至，这种精神对"中庸之道"的实行有什么意义呢？"好问而好察迩言"，"迩"是浅、近的意思，"好察迩言"就是善于体察那些浅、近的话。什么叫浅、近的话？我们经常一读哲学的著作，头就大了，一读佛经，好像就觉得隔了很远。比如有一句话是"人要做事业，不要做是非。"这句话很简单，人人都能懂，要好好去做事，不要去弄是非。这句话用了"事"、"是"谐音的方式，把两个并在一起，这就叫做迩言，浅近的言论，让你知道要远离是非，远离争端，而踏踏实实做事。所以，对于小问题，第一要好问，第二是喜欢去体察那些浅近的话。

"隐恶而扬善，执其两端，用其于民，其斯以为舜乎。"

有人曾问孔子："以德报怨，何如？"很多人认为儒家是一个没有原则的思想学派，其实不是这样的。什么叫以德报怨呢？人家打了你的右脸，你是不是要把左脸也伸过去呢？基督教有些传教士这么说过，其他一些思想流派也曾经有这样的话，儒家好像也有这样的说法。但孔子是有原则的，他马上就回问："何以报德？"既然以德报怨，那"德"用什么来报呢，他说了八个字："以直报怨，以德报德。"以很率直、正直的态度去回答"怨"，如果这个"怨"来势凶猛，你当然不能以"德"去报它，而要以正直的态度、直率的态度、不遮掩的态度去回应，只有对美好的品德，你才能用

自己发自肺腑的好品德去报答他。

孔子开始出现大言论了。"隐恶而扬善",为什么用"隐"？为什么不戒恶、不惩恶、不杀恶？历史上黄帝和炎帝打仗,打得惊天动地,最后觉得杀戮太多,罪孽太深重,后来握手言和了。"隐恶"就是"隐而不发",不主动去揭露别人,不去说,但是自己心里有一个是非去判断知道它不好,还隐含一层意思,就是相信等他自己觉悟的时候,他会认识到这个恶,他会自己去解决。"隐恶而扬善"代表了东方文化中的一种怀柔的思想,以宽厚之心待人接物,承认人性的善良,这正是儒家仁爱精神的集中体现。儒家思想强调,"恶"是暂时的,"善"是本原的,"善"是本,"恶"是流。一个人,他只要不断地沾染他的善,他就会去抑制那个"恶"。"执其两端,用其于民",这句话很重要,执其两端,这两个极端就是过和不及,在这两者之间去寻找一个恰到好处的平衡,这个平衡点掌握得非常精妙的话,事情就会一下子像冰释一样得到解决。用其于民,如果我们总是用偏激的方法去做,受害的是老百姓,我们用过分保守不作为的方式去做,受害的也是老百姓。"两害相权去其轻","两端相对取其中",这个"中"绝不是二分之一的那种数字的取中,而是前面说过0.618的黄金分割法的意思,要找到这个事情的最恰到好处解决方式。"其斯以为舜乎",大概这就是舜之所以为舜的原因了吧。舜为什么成为圣人呢？就是他行了"中庸之道",这是孔子的看法。

舜传位给夏禹时曾经说过十六字真经,"人心惟危"、"道心惟微"、"惟精惟一"、"允执阙中",他说的其实就是如何把握那种精微的度,如何把握最高的领导艺术的平衡,这才是真正贯彻"中庸之道"。

"人皆曰'予知',驱而纳诸罟擭陷阱之中,而莫之知辟也；人皆曰'予知',择乎中庸,而不能期月守也。"

中国的"知道"这个词很有意思,"知"的东西是"道",但今天我们说"知道",指晓得的意思,已经和过去不一样了。"予知",就是我很智慧,我知道,我懂得道,所以我智慧。但是把它纳之于什么地方呢？"罟",就是

网，"攫"就是机关，就像现在去抓狼或抓什么动物时设的那种机关或者是陷阱，就是挖一个坑。"而莫之避也"，还不知道怎么去逃避，他举的例子很有意思，你都懂得"中庸之道"了，过分的危险、过分的不足都要逃避，就这么个简单的事情，遇到了一个网罟陷阱，你就不知道怎么躲了。往往这个时候，你就感觉到自己离开了这种清澈的理性和中庸之道，就忘记了自己。

人皆曰"予知"，人人都说我很智慧呀。"择乎中庸"，我选择中庸之道。"不能期月守也"，期月就是一个整月，都不能够坚持一个月，这是形容就像"身入宝山，空手而回"，拿到了一个好东西，却坚持不了一个月。这里运用比兴的艺术手法，阐述了人们难以实行"中庸之道"的原因。孔子其实说了两个问题：第一，在理论上可能知道了中庸之道，在实践上往往不能运用。第二，在实践上可以运用，可惜只能短时期之内运用，时间稍微一长，他就不能坚守了，这说明中庸之道是很难坚守的。

《中庸》用孔子的话从各个方面阐释了中庸之道，讲到了中庸之道实行的难度，孔子盛赞中庸之道是一种极致高尚的美德，而不能实行的原因在于知者和贤者过之，而愚者和不肖者不及，指出提高对大道的自觉性是能否推行中庸之道的重要一环，并以舜为例证说明了"隐恶扬善"和"执两用中"在中庸之道实践中的重要性。

孔子对中庸之道的实行是持乐观还是悲观的态度，中庸思想如何才能得以实行呢？孔子说过一句话：中庸其难也。中庸是很难的，但是正因为难，才更值得去做。中庸难，是因为人们不想去中庸，不想去做小事。在孔子看来，人应该回到道心，回到本意，回到我们的常识上，从小事做起，从我做起，这样才可以做大，这样才可以行远。"登高必自卑，行远必自迩"，你要想登高的话，只有走上第一步，你要行远得话，必须迈出第一步，只有这样"中庸之道"才可能实行。如果是不迈出这第一步，"中庸之道"永远是一个很难得的道，"中庸之道"永远是一个理论上的难题。

第四章 君子如何才能达到中庸

子曰："回之为人也，择乎中庸，得一善，则拳拳服膺而弗失之矣。"

学生颜回是怎么为人的呢，他选择了中庸之道。我们知道，孔子有弟子三千，贤人七十二，而真正继承他的衣钵者仅颜回一人而已。孔子是一个大教育家、大思想家，为什么"素王"孔子思想的继承衣钵者仅仅是颜回呢，他的其他弟子子路、宰予等为什么就不能完全继承他的衣钵呢，颜回选择的中庸之道与此紧密相关。"得一善，则拳拳服膺"，"拳拳"就是很恭敬很赤诚的样子，"得一善"的"善"，不是和恶相对的善，而是善端、善事或美好的东西，得那么一个开端，"拳拳服膺"就是打心眼里佩服，而且去遵循这个善事。"而弗失之矣"，有些人可能很短时间内就忘到脑后了，而颜回却牢记在心中，从不忘记。

孔子认为自己的一生都难得几次做到中庸，却盛赞颜回对中庸之道的坚守，那颜回是如何实践的呢？

颜回

颜回"一箪食，一瓢饮，居陋巷，人不堪其忧，而回不改其乐也"，他忧道不忧贫，经常听老师讲道，他却终日不语，为什么不语？因为他在思考如何把老师这个教育家、思想家的雄才大略应用于具体的实践当中。孔子是一个思想家、教育家，而颜回是一个实践家，是一个践行家。在这个意义上，虽然孔子有颜回所不及的地方，而颜回当然也有孔子所不及的地方，那就是他终日修行而去践行。正是因为这种教学相长，才使得颜回变成

孔子所说的"回之为人也,择乎中庸"这么一个实践家的形象。除了"回不改其乐也",孔子也不改其乐,"齐闻韶乐,三月不知肉味",他对音乐的美好的向往和深入的体验, 使他三个月都忘掉了食欲和味觉, 可见这个"乐"是大快乐,是充沛于内心的智慧的快乐,是审美的愉悦。不贰过。颜回还有一个优点,即不犯两次同样的错误,原因就在于他不断地去思考、不断地去揣摩、不断地把这个理论去实践。听到一个事情以后,他总是去模仿好的善端,对"过"这种不好的事情绝不再犯第二次,这就叫中庸。中庸之道之难,就在于不走极端,甚至是不专门去分辨好、坏、是、非,甚至在苦中也能感觉到乐, 在乐中也能意识到危险的临近或者是忧郁的到来。正是因为他不分别或不刻意分别的情况下,才能够坚持"中庸之道"。正是因为木讷,正是因为不贰过,正是因为他仔细地体"道",把这个"道"放在心里,所以颜回成功了。常人可能在一个月之内就已经违背中庸之道了,这是为什么呢? 原因就在于我们很多人总是把规律和"道"当成外在的东西,总是需要不断地要求和警告自己,才可能去接受这个"道",但是当这个人把外在的强迫性变成了内在的自觉性,他去做的时候就充满了快乐。这是针对那些不能坚持中庸之道的人而言的,而孔门高足颜回对中庸之道的坚定不移,符合孔圣人"吾道一以贯之"的风范。同时也说明,只有化外在的强迫性为内在的自觉性,才能坚守中庸完美品格。

子曰:"天下国家可均也,爵禄可辞也,白刃可蹈也,中庸不可能也。"

"天下国家可均",要把天下治理好,要让国家里每个人得到其所在的合适的位置,就是可以平安、平定治理国家,这是很难的,得是多伟大的人物啊,国君、尧舜禹才能够做到这样的事情吧。"爵禄可辞也",人生在世,很多人的看法是"皆为利来,皆为利往",可以把"爵"和"禄"即官位和金钱推辞掉,谁可以做到? 只有那种秉承了天下正气坚守大道的知识分子和一些勇义之士才可以做到,一般人很难做到。"白刃可蹈也","白刃"就是快的刀,"可蹈"就是在刀下做舞蹈,就是赴汤蹈火在所不辞,就

是英勇就义也毫无惧色。

孔子是用了三件很难的事情"天下国家可均"、"爵禄可辞"、"白刃可蹈"来说明何其难哉！天下真正的英明治国的国君才可以把国家治好，天下最优秀的民族脊梁的知识分子才可以看破红尘，看破名、利、禄，而坚守自己的德行，坚守自己的理想的大道，"爵禄可辞也"。只有天下的勇敢的人，像岳飞、文天祥等，才可以不惧死亡，赴汤蹈火。这三者做起来非常难，但孔子认为这三者还算是容易做到的，而中庸不可能也。孔子将"中庸之道"的推行，看作比"国家可均"、"爵禄可辞"、"白刃可蹈"还要难以实现的事情。

岳飞

文天祥

"治国可均"是智慧，世界上有智慧的人很多；"爵禄可辞"是忠义，世界上忠义的人，虽不能说很多很多，但是不乏忠义之士；"白刃可蹈也"是勇毅、勇敢、坚毅，不能说天下人都是勇毅之人，但是天下确有英雄存在。智慧者、仁义者，勇毅者，虽难得可贵，但还是可以有。而"中庸之道"，要把握这个"中"的度，再用日常住行的方式去实践它，很难。

孔子传达了什么样的思想呢？伟大的事情，拍案而起的事情，往往是容易做的，在日常生活中默默无闻地坚守一种尺度，这是很难的。孔子认为，作为知识分子，在不达的时候，就是在穷的时候，要坚守自己的道义，在达的时候，要把那种正确的道"放之天下而皆准"。从这个意义看，孔子

子路

不是危言耸听，不是过分夸大，而是恰到好处地说明，日常生活中的坚守，在平时独处的时候自己的意志和自己的自觉判断力，以及从小事做起的那种难能可贵，这是最重要的。孔子对"中庸之道"持高扬和捍卫的态度，一般人对中庸理解过于肤浅，孔子有感而发，将中庸推到了比赴汤蹈火、治国、平天下还难的境地，其目的还是在于引起人们对"中庸之道"的高度重视。

子路问强，子曰："南放之强与？北方之强与？抑而强与？宽柔以教，不报无道，南方之强也，君子居之，衽金革，死而不厌，北方之强也，而强者居之。"

子路来问老师关于强、强大、刚强的问题，孔子就说，你问的是南方的刚强？还是北方的刚强？或者是你自己的刚强呢？对一个强的问题，孔子加以不同的时代、不同的地区、不同的氛围当中有不同的刚强的含义。

"宽柔以教"，"宽容"、"柔顺"地去教悔别人，而不是耳提面命，不是拍案而起，不是那种很凶的样子。不报无道，不报复那些无道之人、恶人，这很宽容啊。南方之强也，君子居之，南方人把这种人看成是君子，所以他用"宽柔以教，不报无道"这样的高要求作为自己的准则，自己就以这样的准则去做事情。

北方和南方气候、纬度、地理环境等各个方面都有很大的差异，正是这些地理环境的差异，使得北方人和南方人有区别了。"衽金革"，把"金"（兵器）和"革"（甲胄）当成席子一样躺着。"死而不厌"，连死都不怕，他还怕什么呢？"而强者居之"，注意和上文的区别，不是"君子居之"，而是强者。君子是"中庸之道"，在孔子心目中认为，北方的强就是"衽金革，死而

不厌",还是过分强了一些。"强者居之",强者就把这种视死如归看成自己的人生准则,这就是北方的强。

故君子和而不流,强哉矫!中立而不倚,强哉矫!国有道,不变塞焉,强哉矫!国无道,至死不变,强哉矫!

"强哉矫",强大呀,真强大,或者说刚强啊,真刚强,就是一个感慨。

"故君子和而不流",君子和和气气但不流俗,不是那种低俗的样子,不是那种流俗的样子,这样才是强。"中立而不倚",他采取自己中立,把握到很正直的那种度上,而不骑墙,不偏不倚,这才是真正的强大,真刚强。

"国有道",这个国家有道德的时候,欣欣向荣的时候,需要人才的时候。"不变塞焉",塞,就是不大,指过去穷的那个样子,他不变过去穷的时候的那些志向。也就是说,国家有道的时候,他出来做事,但他并不因为做大事而忘本,他还是坚守自己过去穷知识分子处于陋巷时的那种美好的情操和远大的理想。

"国无道",如果这个国家处于无道的状态,处于一种满地都溜达着小人的状态。"至死不变",不变什么?不变节操,到死都不改变自己的节操,这样的人强哉矫!

通过子路问"强",孔子传达出自己对"地缘政治"和"地缘文化"的看法,谈到南方的"强"、北方的"强"和君子的"强",他更欣赏君子"强",关键词有 "和而不流"、"中立而不倚"、"国有道"、"不变塞"、"国无道"、"至死不变"。这里的"和而不流"是一种态度,不是一团和气,而是不流俗,保持自己的理念,中立,不走偏激,不偏不倚,不是骑墙,而是有原则。在国家有道的时候,不忘其本,在国家无道的时候,宁死不变节。很难啊,所以孔子曰:"中庸不可能也。"通过子路问"强",说明真正的"强"不在于体力,而是精神力量的强大,精神力量的强大又体现为"和而不流"、体现为"柔中有刚"、体现为"中庸之道",也就是坚持自己的信念不动摇,固守高

远志向和操守。

子曰："素隐行怪，后世有述焉，吾弗为之矣。君子遵道而行，半途而废，吾弗能已矣。君子依乎中庸，遁世不见知而不悔，唯圣者能之。"

"素"可以按《汉书》当成索引的"索"，那就可以叫做"索引行怪"，什么意思呢？"索"和"隐"指的是他的言行、他的思维要寻找一种隐怪曲折的东西，很不容易回答的东西，所以行怪，就是行为很怪诞、很怪僻，不同于一般。这些人"后世有述焉"，后人把他们记载下来了，他们也可以流传下去。但是，"吾弗为之矣"，我可不去做这样的事情。

"君子遵道而行，半途而废，吾弗能已矣"，君子遵循大道去行事，却半途而废，很多人都有良好的初衷，都是怀着远大的理想，而且痛下决心，要去坚守他的道义，可惜半途而废的人比比皆是，走到终点的人却非常少。所以为什么说唐僧就是玄奘，因为他难能可贵，西天取经者不下千人万人，而学成归来，有去有回，有始有终者，只有玄奘也。因为他很难，所以他成了万世的表率。孔子说，"吾弗能也"，我也不能像这样停下来呀，他既不赞成那些很诡怪的、很奇怪的一些言论和行动，也不赞成半途而废的、有好的愿望而没有好的结果的事情。

"君子依乎中庸，遁世不见知而不悔，唯圣者能之"，君子要去依照中庸之道去行，遁世隐居不为人知，但却不会后悔。这个"遁世隐居"有不同的解说，也有人说就是整个世界都不知道他，他也不后悔，就是"人不知而不愠"的意思。"唯圣者能之"，只有圣人才可以达到。

孔子盛赞颜回对"中庸之道"的坚守，并以"国家可均"、"爵禄可辞"和"白刃可蹈"来衬托"中庸之道"实施的难度，随后通过子路问强的故事说明真正的强者在于对中庸之道的坚守，并教导人们不做欺世盗名、半途而废的人，要做无悔于"中庸之道"的圣人君子。这表明了孔子的三个态度：第一，绝不做言辞上的伟人，而要做行动上的鉴定不拔的实践者，做在行动上绝不去过分地张扬"中庸之道"的人，做踏踏实实、任劳任怨、

沉默而行的君子。第二，他也不赞成半途而废是美好的君子，他认为坚持到底很重要的。第三，就是"人不知"，人家不知道自己，就是说我自己坚守我的事情，沉默寡言，不为天下所知也没有关系。在孔子看来，这才是君子应该真正做到的，在这个意义上，不争不斗，不喜不厌，无生无死之，不知老之将至，这才是孔子要坚守的"中庸之道"。

在孔子看来，坚守中庸之道的人，也许在相当长一段时间之内会不被人们理解，也许在相当长一段时间之内人们看不起你，说你不思进取，说你没有真正的可以标榜的数字来核定你的功绩，坚持中庸的人也许在很多超强、超胜、超高的领域中不能最终取得一席之地，但是他在维系人类的和谐发展，和谐地往前走。也许那些超强、超高、超快的有它的意义，它标榜了人类达到的极限，但是孔子的哲学不强调极限，相反，在两个极限之间他取其中。这是一种东方的思想，东方的智慧和东方的无言而大美，需要人们用心去体悟。

第五章　如何达到君子之道

"行中庸之道者，君子也。"当一个君子很难，又很多的要求。

君子之道，费而隐。

这七个字可以讲出很多的内容。"君子之道"是什么道呢？君子的中庸之道。"费"是广大，"隐"是微小或隐微，什么意思呢？君子的"道"既广大又隐微。"隐"是隐藏，它是看不见的，在日常的一些小事情上，甚至在你觉察不到、体会不了的一些事情上体现出来。用今天的话来说，君子的"中庸之道"有一个最低纲领和一个最高纲领，这两个纲领之间构成了君子的极限。

先看一看孔子或者儒家传统当中对君子有些什么样的要求呢？

"君子不党"，不是不参加党派，这个"不党"指的是不偏私，出以公心。

"君子不以语举人，不以人废言"，不应该他说好听的话就提拔他，不因为这个人出了事，他曾经说过有真理的话就都废除掉了。

"君子不器"什么意思呢？我们知道，一个器皿只有一个用途，而君子的用途不仅仅是这么一点，君子应具有广博的、宽阔的眼光和学识，能够处理天下的大道、大事情。

"君子不忧不惧"，他乐，他不恐惧，因为心中无鬼，所以坦坦荡荡。

"君子耻其言而过其行"，话说德很满、很多，用我们今天的话来说，就是吹牛吹破了天，但行动却是矮子，甚至是根本就没有结果，这是君子要避免的。

"君子固穷"，君子虽然遭遇穷困，但是能够坚持自己的操守。

"君子和而不流"，君子谋道不谋食，君子坚守的是"道"，而不是为了自己的衣食而去操心。

"君子求诸己，小人求诸人"，君子严格要求自己，而小人却苛刻地要求别人。换句话说，要求别人做到的，君子自己先要做到，可见做一个君子真难。

"君子上达，小人下达"，"上达"是达于"天"、达于"道"、达于"仁义"。"下达"是达于"利"、达于"勾心斗角"、达于"蜗角功名"，所以君子上达于仁义，小人下达于财力。

"君子坦荡荡，小人常戚戚"，为什么坦荡荡呢？心中无鬼，他做的是大事情，小人总是为了自己的得失而操心。

"君子喻于义，小人喻于利"，"义"和"利"的取舍一目了然。

还有"君子忧道不忧贫"等等。可以想见，在孔子的思想谱系当中，要成为一个君子，何其难哉。在行动上，在言辞上，在名利关系上，在人生观、世界观、宇宙观上，都要求高、大、远，这就叫做费，"费"就是广大的意思。但是，如果一个真理太高了，神龙见首不见尾，庶民百姓都听不懂，都感受不到，虽广大又有什么用呢？所以在哲学上，如果是一个理想主义者，是一个空想的哲学家，人们可能一笑置之，转身就走了。所以不光谈"大"、"费"，还要谈"隐"。

夫妇之愚，可以与知焉，及其至也，虽圣人亦有所不知焉，夫妇之不肖，可以能行焉，及其至也，虽圣人亦有所不能焉。

"夫妇之愚，可以与知焉，及其至也"，这里说的"夫妇"，不是说今天所说的夫妻的意思，而是指匹夫匹妇，就是大众的意思，指的是每个个体。这句话是说，不是很聪明、很智慧的普通的老百姓，也是可以知道"中庸之道"的，"中庸之道"并不是玄乎其玄，不知所终。"及其至焉"，这个"至"就是中庸之道的最高境界。"虽圣人亦有所不知"焉，就是那些了不起的尧舜禹等等，这些圣人也不能完全把握。

"夫妇之不肖，可以能行焉"，那些不太贤良的百姓或者不太贤良的那些人，都还是可以去行"中庸之道"的。"及其至也"，达到"中庸之道"的

最高纲领。"虽圣人亦有所不能焉",就是圣人也不一定能完全做到。

孔子坚持了"中庸之道"的原则性。

天下之大也,人犹有所憾,故君子语大,天下莫能载焉;语小,天下莫能破焉。

天地是很大的,大到穷天地人所不能及,但是人类觉得天地还不是完满的,还有遗憾的地方。"故君子语大,天下莫蒙载焉",圣人君子说它大,它大到什么程度呢?没有任何一个东西可以把天和地给载起来,其实这里比喻的是"中庸之道"。君子说"中庸之道"之大,天下没有能够突破这个规律的,没有能够不在这个道之内的,而要说它小,天下也没有人能够分割它,"中庸之道"虽然小,但天下没有人可以去忽略它。

《诗》云:"鸢飞戾天,鱼跃于渊。"言其上下察也。君子之道造端乎夫妇;及其至也,察乎天地。

"鸢"一种鸟,"飞戾天""戾"是至,就是最高的意思。这种大鸟"鸢"飞得很高,能飞到九天之上。而"鱼"呢,"跃于渊","渊"指深,我们知道大海里的深海沟能达到很深,"鱼跃于渊",这句话其实表明了天和地之间的那种空间的高迈和深不可测。

"言其上下察也",它上上下下的空间都很明白。

"君子之道,造端乎夫妇,及其至也,察乎天地",君子的道啊,"造端"就是我们所说的最低纲领或者底线,"造端"在老百姓的日常用语中可以说是起源,是基础,是可以运用的广大的区域。"及其至也",达到最高的境界的时候,"察乎天地",昭明着天地万物的根本道理。从这一点上看,孔子的"中庸之道"确实是君子应该坚守的一个道。

孔子提出了"君子之道,费而隐"的观点,这个观点究竟阐明了什么思想,对我们今天来说又有什么现实的意义呢?

首先,孔子列下了一些"费而隐"即广大而精微的一个尺度,他其实表明了,宇宙之大都不能出去"中庸之道"外,反过来说,"中庸之道"贯穿

在万事万物的宇宙的规律当中,它恰好是参与了这个天地宇宙的这种规律,所以它主要是运行于人世间。

今天的生态美学、生态文化其实已经意识到并强调人应该顺应自然,应该让自然如其所适,让自然变得更加自自然然,而不是去违反自然的规律去改造它。西方过分地攫取自然资源,过分地去张扬人类的竞争,去改造自然,结果洪水、泥石流以及各种天灾人祸出现了,地震、海啸出现了,大自然的报复来得如此迅速。东方思想讲求"上下察也",要顺应自然,在"空"极大、在"微"极小之间都要贯穿那种"中庸之道",不偏不倚,不过分竞争,不过分开发的思想,在今天仍然有其现实意义。

第二,在"中庸之道"上,孔子列出了最高和最低的纲领,这是一个人成为一个君子的最起码的入门的渠道。设想一下,如果君子都是高不可攀,圣人都是全世界没有几个,很多人就会说我们成不了君子,我们就不成为君子了;我们成不了圣人,我们也不想成为圣人了。那这个天下就成了小人的天下。所以,孔子列了一个最低纲领,匹夫匹妇,就是像我们一样的普通的日常的人,通过努力也可以做到"中庸之道",但并不能因此而小看中庸之道,因为中庸之道是大道也,它小到无极,大到无边无涯,它永远在我们的宇宙的生存的过程当中,孔子的思想值得我们去深刻地领会。

这部分是作者子思的言论,文章阐明"中庸之道"其大无外,其小无内,时时处处无所不在,充分印证了开篇第一章所提出的"道不可须臾离也"的观点。

子曰:"道不远人,人之为道而远人,不可以为道。"

"道不远人",真正的大道是不离开人的,是不远离人世的,真正的大道与人的生存、人的价值、人的发展紧密相关,所以大道就在人世之间。

"人之为道而远人,不可以为道",人们讲求的大道,如果远远离开了人世,离开了人世间,这个道就不是大道或者说不是正道。

《诗》云：'伐柯伐柯，其则远，'执柯以伐柯，睨而视之犹以为远，故君子以人治人，改而止。

"柯"是斧柄，就是斧头的木把子。"伐柯"，就是砍一个斧柄，我拿着斧头去砍伐木材，就是要做成我这个柄的样子。"其则不远"，"则"就是它的样板，它的规则并不远，就在你的手上。

"执柯以伐柯"，我抓着斧柄去砍一个斧柄，"睨而视之"，就是斜着眼看一眼，"犹以为远"，斜眼就能看到它，但是很多人还是觉得远。

这是一个常识，我们去砍伐一个东西，如果你不精确地去划线和衡量，你要做到跟手上的这个柄一模一样是很困难的。

"故君子以人治人，改而止"，他举这个例子来说明，以你自己的榜样去说服别人，你也不可能要求别人跟你原来的样本一模一样，他只要改正了他的缺点就行了。

这话说得很有意思，既然拿着一个斧柄的样本去照样砍，你都不能做到一模一样，你去教训人的时候，你怎么能要求别人跟你做得完全一样。在这个引申过程中，孔子其实是觉得，人在很多问题上不能够要求百分之百正确。

忠恕违道不远，施诸己而不愿，亦勿施于人。

"忠"就是忠诚，忠心耿耿，这个解释很简单。"恕"就是宽恕，就是饶恕别人。"违道不远"，你只要做到"忠诚"、"宽恕"，那你离那个大道"中庸之道"已经不太远了。换句话说，只要做到了忠心耿耿又宽容地对待别人，你就已经走在了"中庸之道"上了，只是还需要更加精进而已。

"施诸己而不愿"，把一个事情搁到自个儿头上，自己不愿意接受的东西，千万不要拿去让别人接受。

孔子认为做到"忠诚"、"宽恕"、"己所不欲，勿施于人"，这样离"中庸之道"就不远了。那么"君子之道"有什么具体标准，孔子又是如何评价自己对"君子之道"的实践呢？

君子之道四，丘未能一焉，所求乎子以事父，未能也；所求乎臣以事君，未能也；所求乎弟以事兄，未能焉，所求乎朋友先施之，未能焉。

君子的"中庸之道"有四条，而我孔丘一条都没有做好。哪四条呢？"所求乎子以事父"，要求子女孝敬父母的那种孝，我没做到；"所求乎臣以事君"，要求臣以尊敬来事君的，就是下级面对上级的样子，我也没做好；"所求乎弟以事兄"，要求弟以事兄，就是弟弟来尊敬兄长的，我也没有做好；"所求乎朋友先施之"，要求结交朋友先要给予他人友好的，我也没做好。

子以事父、臣以事君、弟以事兄、朋友先施之，孔子都没做好，难道说孔子的人生很失败呢？不是这样的。读过《孔子传》和《论语》的朋友都明白，孔子确实是做到了这四条，他在这些问题上做得很好，但他从更高的标准来看自己这个地方"未能也"，不是说他没有完全做到，而是说没有做到至善至美，这是一个非常高的要求。

庸德之行，庸言之谨，有所不足，不敢不勉，有余不敢尽，言顾行，行顾言，君子胡不慥慥尔。

日常生活中的那种德行，道德实践，日常语言的谨慎，还做得不够，我尽力去做了，但是很难做到至善至美。"庸德"和"庸言"不是平庸之德和平庸之言，而指的是日常用度当中的"言"和"行"有所不足。

"有余不敢尽"，还有余地，还要去努力。"言顾行，行顾言，"一个人说的要去照顾你做的，做的要去想想你是怎么说的，用今天的话来说，就是言行一致或者言必行、行必果。孔子说"君子耻其言而过其行"，你说得好听，做得很差，这不行。你信誓旦旦地保证要做得多好，而行动却相反，或者言论像一个君子，行动却像一个小人，这些都是孔子认为不合适的。"君子胡不慥慥尔"，这个"慥慥"指的是笃实，就是很憨厚、很笃实、很老实的样子，君子为什么不老老实实地做人和做事呢，为什么要说得好听却做得很差呢，为什么要言过其实呢，君子应该言行一致。

　　这里引用了孔子的言论,论述了"中庸之道"不可离的观点,孔子提出用"孝"、"悌"、"忠"、"信"四种道德制己制人,鼓励人们要言行一致,这样才能成为德才兼备的君子。

　　《中庸》的第十二章和第十三章,先后用子思的分析和孔子的言论反复论述了"道不可须臾离也"的观点。子思提出君子之道费而隐的观点,指明君子所坚守的中庸之道用途广大无穷无尽,而其本体却精细隐微无所不在,随后又引用了孔子对君子之道的观点,认为只有做到"孝"、"悌"、"忠"、"信",言行一致才能称为君子。总之,"中庸之道"就处在我们的行为规矩当中,处在人和人的关系当中,处在启蒙自己和启蒙他人的关系当中,真正的启蒙者应该先要求自己达到很难达到的君子的"中庸之道",达到君子的德行,才可以去要求他人。正如俗话所说,要给别人一杯水,自己先要有一桶水。

第六章　君子安其位

君子素其位而行,不愿乎其外。素富贵,行乎富贵。素贫贱,行乎贫贱。素夷狄,行乎夷狄。素患难,行乎患难。君子无入而不自得焉。

"素",得其分,安其位。"素其位",你是什么样的位置,就在这个谓之上去行事。"不愿乎其外",不会去做分外的事情,不会去做那种好高骛远,飞黄腾达的事情。

"素富贵",你在富贵的位置上,那么你就"行乎富贵",去做富贵的事情。比如有些人富贵了以后,还想得到更大的富贵,于是更加贪婪地去剥削他人,把他人囊中之物据为己有,这就叫不行富贵,而行的是贪婪。相反,有些富贵人觉得,我自己一人富了,而天下还有穷人,于是拿出大把的钱财去赞助教育、去资助宗教、去进行一些贫穷人的扶植,这就叫"行乎富贵",他做了他们有钱的人可以做到的善事。

"素贫贱",当一个人贫穷的时候,他天天做黄粱美梦,做的是发大财、发洋财等的梦,他就没有"行乎贫贱",处于那种贫贱之下,他就应该安贫乐道。如果他还怀有很多的野心,只能徒增痛苦,而且会去嫉妒甚至是埋怨那些先富起来的人,埋怨社会的不公,从此造成了更多的内伤和外面的伤害。

"素夷狄","夷狄"指的是边疆、偏僻的意思,用今天的话就是说,如果我是少数民族,我不是华夏,我不是中原最发达地区或者不是东部发达地区的人,那我是不是总是埋怨我这儿是天高皇帝远,埋怨我这儿有很多不发达的状况或者落后于先进发达地区呢?"行乎夷狄",就是应该踏踏实实地从本民族本地的实际出发去做事情,而不能邯郸学步,把其他地方的制度照搬过来,反而得不到好处。

"素患难,行乎患难",处在患难的语境当中,你就要知道患难是多重

要的一种品质，因为患难可以使得人超越自己，如果在患难当中，就光想着有人来解救自己，幻想着不经过努力而别人可以尽情地帮助自己，这样不对。在患难当中，还有"一箪食一瓢饮，居陋巷人不堪其忧，回不改其乐"，人人都受不了，但是"回不改其乐"，有那种居于患难当中的坚守、守道和相信未来通过自己的实力能够重新崛起，走出患难，走出困难，这才是真正的君子。

《中庸》第十四章提出了"君子处其位而行"的观点，那么君子如何才能做到安处其位并自乐其位呢？

在上位，不陵下。在下位，不援上。正己而不求于人，则不怨。上不怨天，下不尤人。故君子居易以俟命，小人行险以侥幸。

"在上位，不陵下"，处在上面的位置，当你处于一个行政长官或者处于学术界中比较上面的位置时，千万不要去欺凌下级，因为人和人在人道主义的光谱上是平等的，在人道主义的天平上都是一样的，所以在上位者不应该借势压人，仗势欺人。"在下位，不援上"，"援"是攀援、巴结、讨好，作为一个君子，处于下位，对自己的上级也应该是坦坦荡荡的君子之风。

"正己而不求人"，从自己这方面严格要求，从来不去乞求别人给自己的施舍、帮助和好处，所以就没有怨言了。

"故君子居易以俟命"，"居易"就是居在平易安定的地方，"易"就是平，君子不要去铤而走险，而是等待着天命给你的机会。"小人行险以侥幸"，小人总是铤而走险，总是怀着侥幸的心理。

子曰："射有似乎君子，失诸正鹄，反求诸其身。"

我们可以拿射箭来比喻君子的样子，"失诸正鹄"，你射一箭过去，脱靶了，没射到那个圆心上。"鹄"就是靶心，你是应该怪靶子不好呢？还是应该怪自己呢？要从自己身上找原因，这正是君子很重要的一条，这就叫"正己反求诸其身"。

《中庸》第十四章阐述君子要"素位而行,安于所守",这一观点同《大学》中的"知其所止"的观点一致。这其实告诉我们,任何成功的进取都是在对现状恰如其分的视野和处置之后取得的,一个不能适应现状,在现实面前手足无措的人,是很难取得成功的。

君子之道,辟如行远,必自迩,辟如登高,必自卑。

君子贯彻的中庸之道,就好比如行远,你要走到很远的地方去,你要做很大的事业,你有远大的抱负,"必自迩","迩"就是近,从身边做起的意思,在这个意义上,你走远路必须始于近处,"登高必自卑","卑"就是矮,就是低,你要登到很高的山,你要上珠穆朗玛峰,你要成为人类精神史上一个登高的思想者,你必须从最微小的事情做起。

"行远必自迩"、"登高必自卑"其实说明了事物可持续发展的一个渐进的过程。下面举例说明。

《诗》曰:"妻子好合,如鼓瑟琴。兄弟既翕,和乐且耽。宜尔室家,乐尔妻孥。"子曰:"父母其顺矣乎!"

《诗经》说,夫子情感喜悦和谐,就像鼓瑟和弹琴一样,声音那么和美,兄弟情真意切,那么和睦而快乐,这种境界是多么和谐呀。"宜尔室家",能够让你的家庭,充满了祥和安宁。"乐尔妻孥",让你的妻子和儿女一起快乐呀。所以孔子说,"父母其顺乎",父母其顺的"顺"就是开心顺气的意思,如果妻子、兄弟、儿女都做到和睦相处,和和乐乐的祥和的气氛,您的父母亲是最高兴的呀,最开心的呀。

这里说出了君子的大道,君子的中庸之道并不是好高骛远,并不是挖一座金山银山,它恰好就在当下,在你家庭的安宁快乐之中就可以带来中庸之道,君子大道就在日常生活当中体现出来,所以君子应该从自己家庭做起,显现出自己那种和谐和睦的融合的能力,这正是《中庸》第十五章想说明的问题。《中庸》第十五章提出"行远必自迩,登高必自卑",万世万物的发展总是遵循循序渐进的过程,君子修中庸之道,也必须由

远及近,由低到高,不可操之过急,否则欲速则不达,效果适得其反。

子曰:"鬼神之为德,其盛矣乎!视之而弗见,听之而弗闻,体物而不可遗。使天下之人,齐明盛服,以承祭祀,洋洋乎如在其上,如在其左右。

"鬼神之为德,其盛矣乎",鬼神所做的功德,真是盛大。孔子是一个人道主义者,一个谈仁爱之心的人,为什么谈到神呢?"视之而弗见,听之而弗闻",鬼神来去无踪影,虚无缥缈,充塞宇宙之间。"体物而不可遗",体尝万物,但是你却不能把它抛弃掉,就是说那个鬼神在我们身边,为什么呢?你看看,使天下之人齐明盛服,天下的人斋戒得清洁隆重,穿着节日的盛服来从事祭祀的活动,这是一种庄严肃穆,跟日常生活当中那种自由散漫不一样。"洋洋乎如在其上","如在其左右",鬼神洋溢在那种气氛里,在这种祭祀场所,就像在我们左右盘旋一样,于是人突然体会到,除了我和你、人和人之间的关系以外,还有天地人神的关系。一个超验的维度出现了,人不是这个世界的唯一的中心,人不是这个世界的唯一的主持,人也不可能颐指气使地去指挥整个世界,相反,在高于人之上还有一种看不见、摸不着、充塞宇宙而权力极大的让我们敬畏的那么一种神,那就是神性的眼睛在看着我们的人,有一些不干净,不清洁,甚至很污脏的那些地方,所以人们经常说"你知,我知,天知,地知,还有神知",正是因为有这么多知,使得人不敢妄自尊大,使得人不敢过分地去谈自己的那种贪心。

《诗》曰:"神之格思,不可度思,矧可射思。"夫微之显,诚之不可揜如此夫。

"神之格思",指的是神思降临的时候,"不可度思",人不可想象它的神妙,"矧可射思",怎么可以去厌倦它呢?是不可以的,人只能在神的光辉之下感受到一种恩,同时反省自己。

"夫微之显,诚之不可揜如此夫",那隐微之事的显现,诚信不可掩盖,竟然如此呀,就是诚信在人当中,人的额头上没写着字,不知道你是

欺骗还是忠诚,但是天地之间有了神的维度,就使得人不太敢过分做坏事,使得人不敢过分地贪婪,使得人不敢过分地心怀侥幸去做那些害己害人的事情,在这个意义上,人不仅要从日常生活当中去体验中庸之道,还要从天、地、人、神四种关系当中去找到自己的位置,这才是正确的。

我们知道,有肉体的生命是要死亡的,还有一种精神的生命是不死的,"死而不亡者,方为寿",只有那些肉体死亡了而精神还存在的君子,他们才能叫长寿。我们今天由于不再相信鬼神,所以很多人变得越来越自信,过分自信变成了过分夸张,甚至到达了一种胡作非为、为非作歹的肆无忌惮的境地。

古代引进了神格这个维度,是有一些唯心主义的原因,但是我们今天在批判这种唯心主义的同时,也应该反思,如果人是宇宙当中唯一的中心,那人就可以为自己所做的事情承担责任,人就应该更多地反思自己,反过来说,如果有一个广大无边的神性的眼睛在盯着我们,那我们岂不是可以更多的有一种虔敬、一种敬畏感吗?这敬畏使得我们知道,君子应该是文质彬彬,应该是知其所适,而不是茫然地认为自己是天下的中心。《中庸》借孔子关于鬼神的比喻,再次重申了道无所不在的论断。

中庸之道有什么功效,下面以舜为例加以说明。

子曰:"舜其大孝也与?德为圣人,尊为天子,富有四海之内。宗庙飨之,子孙保之。故大德必得其位,必得其禄,必得其名,必得其寿。

故天之生物,必因其材而笃焉。故栽者培之,倾者覆之。

孔子说,舜真是一个大孝顺的人啊。"德为圣人,尊为天子",舜是德高望重的一个君子,一个圣人,被尊为天子,是领导四方的一个最高的首领。"富有四海之内",当时的四海不是今天的四海,中国古话说的四海之内,不是指的今天的环球旅行,当时还没有环球大航行,也不知道整个地球是圆的,是指当时除了中原以外的各个地方小国的聚集,指的是若干诸侯国。这句话是说,四海之内莫非王土,都是他的领地。

"宗庙飨之",宗庙当中祭祀他,"子孙保之",子孙后代继承他伟业,可见大德的人"必得其位,必得其禄,必得其名,必得其寿",对这四个必得,朋友们要三思,为什么德高望重、公而无私的人"必得其名",你的名声必定在整个滚滚红尘当中、在整个宇宙当中如雷贯耳;"必得其位",你必定得到你的位置,而不用贪心得来;"必得其禄"就是你的钱财、俸禄;"必得其寿",你必然快乐而健康长寿。

"故天之生物,必因其材而笃焉",什么意思呢?必根据他的资质、他的才华而去加以培养的。"故栽者培之,倾者覆之",该栽培的就要好好地去栽培提升它,该倾覆的那些不好的,就应该铲除它。在这个意义上,圣人相信上天是公正的,只要你努力了,只要你尽到了你的诚心,你就得其位、得其名、得其禄、得其禄、得其寿。你只要是把自己内在的善良、真诚提升出来,那么上天也不负你的厚望,会让你成功。

《诗》曰:"嘉乐君子,宪宪令德。宜民宜之,受禄于天。保佑命之,自天申之。"故大德者必受命。"

《诗经》说,嘉美和乐的圣人君子,显明昭著的就是其美德。"善于安民,善于用人"是一种享受天赐的大福禄,上天保有为王命,从天而降,加以赐予,所以拥有大德的人必定承受天命。

这个例子是指出,人要顺其自然,不要胡作非为,不要强词夺理,不要铤而走险,在这个意义上,自然是损有余而奉不足,人类是损不足而奉有余,这是古人的认识论,它会让富的更富,穷的更穷,由于这种不公平违背自然发展的规律,使得人产生贪婪之心,凶恶之心,于是社会争端由此而生,善良美德就变成了愚蠢,变成了不思进取的保守,那么这个世界就将无宁日了,这个世界就将充满了战争和纠纷。人应当守其德,守其位,当你应是什么的位置要合其名,你要安于现状,要等待时机,而不是铤而走险。

《中庸》告诉我们,每个人应该顺应自然,要感恩天地,我们每天看到

太阳升出来,每天看到万物都在生长,可以说上天不辜负任何有为的生命,但是有一句很重的话,叫做"倾者覆之",就是当你生出祸心、是非之心以及战争的恶魔之心,上天一定会要倾覆你,颠覆你,消灭掉你,这是一种中国人文思想中的一种上天报应的思想。我们今天也仍然应该去鼓励那种美好的嘉德,而去批评遏制那些不好的品德,这样我们才能扶正气、压邪气。《中庸》指出,修"中庸之道"有如登高行远,君子要"素为而行"并"安于所守",同时,要由浅入深循序渐进方可达到。《中庸》以鬼神为比喻说明"君子之道"既盛大又隐微,就客观存在于人的周围,并以虞舜之大德受命于天为例,阐发了君子之道的功效,告诫人们要坚守并一以贯之。

儒学并不是绝对排斥功利,而只是反对急功近利。换言之,儒学所强调的是从修养自身、提高自身的德行和才能做起,然后顺其自然,水到渠成地获得自己应该获得的一切。君子只要通过修身而提高德行,总有一天会受命于天,担起治国平天下的重任。

第七章　圣人行中庸之道

《中庸》第十八、十九、二十章,这三章有个共同的规律,它重新回到历史,讲关于周文王、周武王的一些故事,来说明圣人处事合乎中庸之道,并且还逐渐展开,谈儒家的一些纲领和自身修养的方法。这一部分由于它触及到儒家传统的核心,所以它有一些思想或者观念已经过时,我们要在批判中加以重新清理。

子曰:"无忧者,其惟文王乎;以王季为父,以武王为子;父作之,子述之,武王缵太王、王季、文王之绪,壹戎衣而有天下。"

孔子说:古代帝王当中,最无忧无虑而快乐的是周文王,因为他有一个贤良的父亲王季,而且他有一个圣明的儿子武王,父亲开创了大业,儿子又把自己的事业继承下去,所以他不会再有什么忧虑了。

周武王继承了太王、王季、周文王的功业以后,他没有仅仅止于此,而是穿上战衣去讨伐商纣王,一举夺得了天下。

身不失天下之显名,尊为天子,富有四海之内,宗庙飨之,子孙保之,武王末受命,周公成文武之德,追王太王、王季,上祀先公以天子之礼。

周武王可以说是正义之师,讨伐独夫民贼,所以他并没有因战争而损害自己的名声,相反却是扬名天下,成了天下的圣君,所以他尊为高贵的天子,富甲海内,有四海的财富。他得到了社稷宗庙的祭祀,子孙也在他的辉煌下继承他的伟业。周武王承受天命做天子的时候,年事已高,周成王成就了文王、武王的大业。

斯礼也,达到乎诸侯大夫,及士庶人,父为大夫,子为士,葬以大夫,祭以士,父为士,子为大夫,葬以士,祭以大夫。

期之丧,达乎大夫,三年之丧,达乎天子,父母之丧,无贵贱,一也。

周成王制礼作乐,从天子推及普通百姓,他慢慢地把这种规矩推行

到了诸侯、大夫、士人和庶民,这种规矩很琐碎,这里大致解释一下。父亲如果是大夫,那儿子是士,就是知识分子,父亲死后用大夫的礼制来安葬,祭祀的时候则用儿子那种士的礼制来对待。如果父亲是士,儿子变成了大夫,那么父亲死后用士的礼制来安葬,祭祀的时候用大夫的礼制。服丧一周年的丧制,从平民通行到大夫,守丧三年的丧制,从平人通行到天子。为父母服丧,无论身份贵贱,天子、君王和老百姓都是一样的。

《中庸》第十八章阐述周文王和周武王父做子述,甚得相传,周公旦又制礼作乐,辅佐成王,在孔子看来,这些都与"中庸之道"的标准相符相合,也正是由于他们的行为符合"中庸之道",周朝的基业才得以延续。

今天是人人平等的社会中,用什么样的礼制来安葬人,和周代已经有天壤之别,不可同日而语了,这一部分我们不去过多探究它,但要明白一点,他们是圣德相传,制定了一种规矩和礼仪,使得人人各得其位,"生"、"养"、"死"、"葬"都有自己的位置和自己的名分,这就叫中庸之道。

子曰:"武王、周公,其达孝矣乎!夫孝者,善继人之志,善述人之事者也。春秋修其祖庙,陈其宗器,设其裳衣,荐其时食。"

孔子说,天下人都认为周武王和周公是最孝顺的人。什么叫孝呢?不是让父母亲吃住不用担心就好了,而是要继承前人的志向,把他们所未竟的事业一直往前推,这就是孝道。周公春秋两季举行祭祀,祭祀是一种对祖先的伟业的重新歌颂,是对祖先未竟事业的重新张扬,是对祖先制定的政策的重新阐释,也是对当下和后人的一次非常好的教育。在这个意义上说,修缮祖庙,把过去的祭祀祭器——庄重地陈列出来,把祖先留下的衣服摆设出来,送上献上新鲜的时令水果,都表示后代虔敬的心境,供祖先享受。这个时候就需要一种制度,这个制度就叫做"礼"。

宗庙之礼,所以序昭穆也,序爵,所以辨贵贱也。序事,所以辨贤也。旅酬下为上,所以逮贱也,燕毛,所以序齿也。

践其位,行其礼,奏其乐,敬其所尊,爱其所亲,事死如事生,事亡如

事存,孝之至也。

周公认为祭祀宗庙的时候需要有礼制来规范人们的行为,宗庙祭祀的礼制就是区别先后的秩序,有以下几种:

第一,排列官爵,用以区分贵贱,官位大的,地位高的往前面走。

第二,排列职事,区分贤与不贤,同级或同等部门的,要看能干不能干或部门重要不重要。

第三,劝酒喝酒的时候,应该是晚辈敬长辈,以显示出先祖的恩惠下达,在饮宴的时候是依据头发的黑和白来排列座位。饮酒的时候,有时候就不太重视那些等级秩序、官位爵禄了,而是强调齿序,即年龄大小。

升起先王的牌位,举行先王留下的祭礼,演奏先王的音乐,敬重先王所尊敬的祖宗,爱戴先王所爱戴的子孙和臣民。这样就可以像死者犹如在生,就像他的思想还存在,所以我们叫做永垂不朽。

郊社之礼,所以事上帝也,宗庙之礼,所以祀户其先也,明乎郊社之礼,禘尝之义,治国其如示诸掌乎!"

先王制定的祭天祭地的祭礼,是用来祭祀皇天厚土的,要报答天地、报答人神的生养死葬的恩德。宗庙的礼节是侍奉祖先的,要报答其不朽的功德,这些看来好像是人和人之间、活着的人和死去的人之间、人和上天的复杂的关系,这些复杂的关系处理起来都不能随心所欲,都有一整套的礼仪来制约。弄明白了祭天祭地的礼节,祭天是祭皇天厚土,祭地是祭祀祖先,弄明白了大祭小祭的意义和方式,那么治理国家就变得很容易了,就像把东西放在手掌上面一样,握住就可以了。

《中庸》第十九章阐述了周武王和周公都是最孝顺的人,他们上承先祖之德,修宗庙,行交际,确立用礼来治理天下,让这种思想薪火相承,代代不已,这些所作所为都是和"中庸之道"相契合的。

哀公问政。子曰:"文武之政,布在方策。其人存,则其政举,其人亡,则其政息。人道敏政,地道敏树,夫政也者,蒲卢也。

故为政在人,取人以身,修身以道,修道以仁。仁者,人也,亲亲为大。义者,宜也,尊贤为大。亲亲之杀,尊贤之等,礼所生也。

鲁哀公向孔子请教什么是政治。孔子说:周文王与周武王推行的政治措施,都记录在当时的简牍,即木板和竹简的典籍上面了,可以去考察,可以去解读。

圣明的君主和臣子的存在,政治措施就能够实现,圣明的君主和圣明的臣子不存在,那么政治措施就难以实现。注意,这里加了一个"圣明"的定语。

圣人贤臣施政的道理,就在于让政治立竿见影,就像在肥沃的土壤植树让树很快长起来的道理一样,要迅速见成效,要像栽芦苇一样的容易成长,国君想处理好国家的政务,关键在于人才。这话很有道理。

有了人才要去栽培,修养他的自身品德。"修身"用什么方法呢?应该用"中庸之道"。什么叫"中庸之道"?就是仁爱之心,仁者爱仁,亲爱自己的父母,是仁爱当中最大的一件事情,从爱自己父母开始,一个人如果连自己的父母都不爱,他要去爱国家、爱人民,这是绝不可能的,爱自己的父母是"仁爱"的第一步。

孔子提出修中庸之道要以"仁"为前提,孔子是如何阐述的,"仁"里又有怎么样的微言大义呢?

"人远乎哉,我欲仁,斯仁至矣。"仁德离我们很远吗?不远。只要我心里想达到"仁",就会心想事成。

"仁者不忧","知者不惑","勇者不惧","仁者不忧",是因为天地宽阔,心里坦荡。

"仁者爱仁",这个就不用多说了,每个人知道。

"仁者安仁",道德修养高的人安于实行"仁",聪明人知道怎样去利用"仁",这就是"仁"。

"仁者先难而后获","先难",在困难面前先去做,"后获",在论功行

赏的时候要退居人后，这样的人就是"仁"，就是"仁爱之仁"。

所谓"义"，就是适宜、得当，尊敬贤良的人就称为"义"。千万不要看到别人的才德比自己高，就郁闷不止，像周瑜一样发出"既生瑜，何生亮"之叹让天下世人笑话。尊敬贤能的人是"义"最主要的方面，亲爱人有主次，尊敬的级别有差别，这些都是从"礼"和"秩序"当中产生出来的。

在下位，不获乎上，民不可得而治矣。故君子，不可以不修身，思修身，不可以不事亲，思事亲，不可以不知人，思知人，不可以不知天。

"在下位，不获乎上，民不可得而治矣"，处在下位的人臣，如果不取得处在上位的君主的信任，就不可能获得民心。对于这一点，我们要加以质疑。在古代，处在下位的人臣当然是要获得取得上位的君主的信任，今天更多的要是对老百姓负责，而不是仅仅对自己的上级或者对谁负责，今天我们的民主制度要求我们要做人民的勤务员，要为老百姓办事情。

"故君子，不可以不修身，思修身，不可以不事亲，思事亲，不可以不知人，思知人，不可以不知天。"君子不可以不去修养自身品德，要修养自己的品德，就不能不去侍奉父母和亲人，要侍奉亲人就必须了解人，想要了解人，就不能不了解天地万物的规律和道理。

天下之达道五，所以行之者三。曰：君臣也，父子也，夫妇也，昆第也，朋友之交也。五者，天下之达道也。

天下古今必须遵循的共同的根本性的道路有五条，实现这五条道理的方法有三种。哪五条？就是君臣、父子、夫妇、兄弟、朋友相交。

这话说得有一定道理，当然，今天我们处于民主和现代化的社会，君臣这一条就应该去掉，但父子还是应该保存。朱自清的《背影》中，那个孩子看到父亲送自己远行的时候，父亲的背影让他非常感动，正是父亲的肩膀扛起了我们往前走的前途，人不能够忘恩、忘义、忘记仁爱。

"夫妇也，昆第也，朋友之交也。"夫妇之间如琴瑟一样和乐、和睦、和满，人固然有自己的人格，有自己的个性，但是一味张扬自己的个性，闹

得夫妻反目成仇,那也不是一个很好的办法,要像兄弟、朋友一样相交,这个在今天仍然没有过时。

古今天下共同遵循的道理有五条,实现这五条道理的三种方法又是什么呢?

智、仁、勇三者,天下之达德也,所以行之者一也。或生而知之,或学而知之,或困而知之,及其知之,一也。或安而行之,或利而行之,或勉强而行之,及其成功,一也。

智慧、仁爱、勇敢是天下最重要的美德,要实行起来,《中庸》概括成一个关键字就是"诚",《中庸》这本书的一个关键词就是"诚",诚实的"诚",诚信的"诚"。有些人天生就知道这些道理,有些人通过后天学习才知道,有些人是遇到困惑以后,经过磨难才琢磨出来这些道理。但是不管是先天的、后天的,都是可以的。因为道理就是一个,有些人是从容安详地去实行某种大道,有些人是贪图利益地去实行大道,急功近利地速成地要去实行大道,还有人是勉勉强强的要别人去敦促他去实行大道,不管哪种,只要他最终的目的是实行大道,都是可以的。

子曰:"好学近乎知,力行近乎仁,知耻近乎勇,知斯三者,则知所以修身;知所以修身,则知所以治人;知所以治人,则知所以治天下国家矣。"

孔子认为,好学不倦,就接近于聪明明智了;努力行善,就已经接近于仁爱之意了;懂得了耻辱,就可以称它为勇敢了。了解了好学、力行、知耻这三点,就明白了自己应该如何修养自身,了解了应该如何修养自身,就知道了怎样通过这个事情去举一反三,去治理民众,去从事政治。

了解了政体、政治,了解了治理日常的政治,就明白了如何去治理天下国家的要务。儒家就是这样,强调从身体开始,从小处入手,然后去开始治理大家,以天下为公的公心去办大家的事情,当你有了这个公心,又有了公德,有了好的口碑,甚至有了好的举措和秩序,你就可以去治

天下。

　　《中庸》第二十章阐述了为政之道。孔子认为，为政在仁，人首先必须修身，孔子详细论述了"修身"、"治国"、"平天下"的常行大纲，并对其功效和方式方法进行了分析。

第八章　治国平天下的九条纲领

《中庸》第二十章是鲁哀公向孔子问政,问怎样搞好政治,怎样治理国家,孔子跟他讲了"九经"。

凡为天下国家有九经,曰:修身也,尊贤也,亲亲也,敬大臣也,体群臣也,子庶民也,来百工也,柔远人也,怀诸侯也。

一要修养品德;二要尊敬聪明贤能的人;三要亲爱自己的亲人;四要敬重大臣,今天就是指领导干部,当然现代和传统的意义差距很大;五要体谅群臣,这当然指的是皇上了;六要像爱护子女那样爱护老百姓,这说的是臣子和皇上;七要招徕各类工匠,为什么呢?招天下的英才,能工巧匠聚集一体,此地才可能蓬勃发展;八要优待远方的异族,要怀柔远人,这里有些争议,后面再解释;九要安抚四方的各个诸侯。

修身则道立,尊贤则不惑,亲亲则诸父昆第不怨,敬大臣则不眩,体群臣则士之报礼重,子庶民则百姓劝,来百工则财用足,柔远人则四方归之,怀诸侯则天下畏之。

修养自身,就可以确立良好的品德;尊敬贤者,就能够崇尚知识,而不再受谬误的欺骗和迷惑;去爱亲人,就能够对父母、叔伯、兄弟加以关爱而不生怨恨;敬重大臣,则办事有理有序而不惊慌失措;体谅群臣而不受贿的人,他会加倍地回报您的恩德;像爱护子女一样爱护庶民,那百姓就会感恩戴德,就会勤勉努力,成为勤劳勇敢的人;招徕各类工匠,那么财富、国库就会充实;优待远方的异族,则四面八方的人就会来归顺;安抚诸侯,那么整个天下就会敬畏国君。这是九条基本原理,其中优劣各占一半,需要拿出我们的判断力来加以分析。

齐明盛服,非礼不动,所以修身也。去馋远色,贱货而贵德,所以劝贤也。尊其位,重其禄,同其好恶,所以劝亲亲也。官盛仁使,所以劝大臣也。

"斋戒沐浴"可以使人身心洁净，这是一种方法，抛弃那些美色和进的谗言，不听那些蛊惑人心的话，轻视财富而看重品德，这就是劝勉贤者的方法；尊敬亲族的职位，加重他们的俸禄，用同样的好恶标准，就像对待亲人一样，来公布于天下，那么天下就会服膺于你，这是劝勉亲族的方法；为大臣多次设属官，使官员足够任用，这是劝勉大臣的方法。

忠信重禄，所以劝士也。时使薄敛，所以劝百姓也。日省月试，既禀称事，所以劝百工也。送往迎来，嘉善而矜不能，所以柔远人也。

忠诚，诚实，而且给足了俸禄，让知识分子能够产生一种新的幻想，这是劝勉士人即知识分子的方法；在农忙的时候，不要再支使老百姓去做事了，要减轻赋税，减免税务和赋，这样能让老百姓欢欣鼓舞拥戴这个国家；每天有考察，每月有考核，要按他们的业绩付给他们薪水粮米，这样各类工匠就会尽心去发扬他的专业，大家成为一个忠诚、团结而且智慧相加的团体；盛情接待，热情相送、嘉奖有善心的人，同情可怜或者那些能力稍差的人，这是优待远方的人的方法。这里的"远人"主要是指当时的少数民族，在今天少数民族和汉族都是一个大家庭，不存在优劣，他们就像兄弟一样。

继绝世，举废国，治乱持危，朝聘以时，厚往来薄来，所以怀诸侯也。凡为天下国家有九经，所以行之者，一也。

在断代的诸侯取旁支的人续其宗嗣，就是有些诸侯国没有孩子继承他的事业，要取旁支的人继续他的宗嗣，让他不要断代断根，让他延续下去。有灭亡的国家，要帮助他们整理混乱、扶持危难，定期接受诸侯的朝见和聘问，少收进贡，要丰厚地赏赐，这就是安抚诸侯的方法。

"九经"中糟粕和好的东西互见，需要我们加以分析。实行这九条常规的方法有多种多样，关键在一个"诚"字。按中庸的思想，不管是五纲，不管是三种方法，不管是九条常规，关键的就在于一个字"诚"，只要把握了这个"诚"，这个五三九所有需要做到的常规和纲领与方法，都能够迎

刃而解。

凡事豫则立,不豫则废。言前定则不跲,事前定则不困,行前定则不疚,道前定则不穷。

"凡事豫则立,不豫则废","豫"就是要有准备,如果做一个事情没有准备,你肯定是失败的,相反,只要有了充分的准备,就不会失败了。

"言前定则不跲",你在发言之前,先打一个腹稿,或者动一动脑子,这样你说话就不会啰里啰嗦,就不会颠三倒四或者是语顺不通、思路不明。

"事前定则不困",当做一个事情之前,有了充分的准备和思考,把各种因素都想到,那你就不会陷入困境。

"行前定则不疚",你在行动之前把所有的困素都考虑到,那你就不会后悔,就不会吃后悔药。

"道前定则不穷",当要做一个大事情的时候,思前想后考虑周详,你就不会走向困境,就不会行不通。

在下位,不获乎上,民不可得而治矣。获乎上有道,不信乎朋友,不获乎上矣;信乎朋友有道,不顺乎亲,不信乎朋友矣;顺乎亲有道,反诸身不诚,不顺乎亲矣;诚身有道,不明乎善,不诚乎身矣。

处在下位的人,能不能得到上面长官的信任很重要,只有得到了信任,百姓才可以治矣。要得到上面的信任,首先要得到亲朋好友的爱,要得到亲朋好友的信任,这样你才可能去治理百姓。要得到亲朋好友的信任,那就要孝敬父母,因为一个不孝敬父母的人怎么可能去得到亲朋好友的信任呢?要孝敬父母,你自身要"诚",如果你假心假意地把父母亲当成工具来利用,你怎么可能得到父母亲的信任呢?怎么会得到他们无私的爱呢?要得到自身的"诚",首先要发扬自己的善的德行,要得到自身的最善的德行,说到底还是一个字"诚"。

我们反推一下,先要自身诚,才能够去行善,只有去行善,才可能自

身而诚,并且得到父母亲的爱,得到父母亲的爱,才可能得到亲朋好友的爱,得到亲朋好友的爱,你才可能去治理天下,并且得到上级的认可和信赖,于是就把上位、下位、亲朋、父母、自身、善的德行和"诚"连到了一起,用一个"诚"字就可以来概括《中庸》。

诚者,天下之道也,诚之者,人之道也,诚者,不勉而中,不思而得,从容中道,圣人也。诚之者,择善而固执之者也。

博学之,审问之,慎思之,明辩之,笃行之。

说到"诚",那就是自自然然的大道,那就是人类的大道,诚实的人不用勉勉强强违心地去做中庸,他发自肺腑地不由思索地就能去实行,这样的人就是圣人和君子。实践诚实的人选择了"善",而且持之以恒,永远不后悔、不修改地执行下去,这就是真正的"仁"。

下面这一段话极为重要,"博学之、审问之、慎思之、明辩之、笃行之"。

"博学之",就是广博地学习

"审问之",就是深刻地去思考。

"慎思之",就是很深刻地谨慎地去追问。

"明辩之",要非常清楚地了解它的功过得失,进退有分界线。

"学"、"问"、""慎思、"明辩",都是求知,如果有这四条,也可以做一个知识分子,但是这里还有第五条"笃行之"。

"笃行之","笃"是坚定不移地,踏踏实实地。"行"就是实践。"笃行之"就是把你广博学来的、审问的、慎思的、明辩的所有真理放到天下的实践中去,这样人才可以把自己所知放之天下,才可以使自己的独善的东西兼善天下。

有弗学,学之弗能弗措也。有弗问,问之弗知弗措也。有弗思,思之弗得弗措也。有弗辩,辩之弗明弗错也。有弗行,行之弗笃弗措也。

如果你还没有学的话,赶紧学;如果学了还没有达到深刻掌握的话,

你不要放下，要坚持下去；如果你已经开始问了，但还没有问到很深刻透悟的程度，你要坚持不断地追问；如果你还没有思，赶紧去思；如果你思考得还不深刻，那么你不能罢休；如果你还没有去学会辩，还没有达到明辩的程度，那你不要放弃，要持之以恒地分析，一直到深刻而清楚的程度；如果你还没有去笃行，或你的笃行还达不到持之以恒地不断地往前推进的程度，你永远不要停下来。

这一段是强调了前面的"学"、"问"、"明"、"辩"、"行"五者，不能浅尝辄止，不能够刚刚触及就以为功成，相反，要不断地推进以达到至善之目的，这才是一个君子、一个圣人真正达到的境界。

人一能之，己百之，人十能之，己千之，过能此道矣，虽愚必明，虽柔比强。

别人做到的是一，那自己就要去做到十倍的努力，人家通过了十倍的努力，那自己要千倍地勤奋，功夫不负苦心人，所有的学习和行动，所谓的知行合一，是靠坚毅不拔的毅力去往前推进的，如果你能达到这样的境界的话，尽管你还不是很聪明，但是你肯定会走向聪明，如果你不是很强，甚至很柔弱，但你终有一天会变成强大的。

《中庸》第二十章是中庸全篇的枢纽，此前各章主要是从方方面面论述中庸之道的普遍性和重要性，而这一章则通过鲁哀公询问政事，借孔子的回答提出了天下人共用的五项伦常关系、三种德行、治理天下的九条原则，最后落到"诚"的问题上，以后的各章都是围绕"诚"的问题而展开的。

自诚明，谓之性。自明诚，谓之教，诚则明矣，明则诚矣。

"自诚明"，不要小看这三个字，由于内在的诚实而达到外在的明白事理，了解社会发展的规律，"诚"是在内在的，"明"是天下的事理，由内向外，就叫做本性，就叫做自自然然的"性"。

"自明诚，谓之教"，反过来了，先是达到了天下万事万物的理或者万

事万物规律的认识，而后使自己更加诚实，更加走向至诚的境界，这就是"教"。通过对外在的认识，而提升自己的诚实的品德，这就是教育要完成的。

"诚则明矣，明则诚矣"，内和外，外和内，其实是合二为一的，我们要通过内在的善良和诚实才能够去体察万物的规律，认识了万物的规律以后可以提升我们的诚实，因为万物是生生不息的天道，认识了它可以提升我们的人道。

《中庸》第二十一章阐释了"诚"与"明"的关系，认为二者的功用是相通的，无论是天性还是后天的教育，只要做到了真诚，二者也就合一了。朱熹认为，该章内容是子思承接孔子所说的关于天道、人道的思想而立言的，而后的十二章内容，则是子思对这一章思想的反复推论和说明。

唯天下至诚，为能尽其性，能尽其性，则能尽人之性。能尽人之性，则能尽物之性。能尽物之性，则可以赞天下之化育。可以赞天地之化育，则可以与天地参矣。

这儿提到的是"至诚"，不是一般的"诚"，是达到了最高境界的"诚"，唯独这个天下最诚实的"性"，才可以尽到我们的天赋本性。能尽其天性，就能尽到人之性，能尽人之本性，才可以尽物之性。注意，"天"、"人"、"物"，能尽物之本性，才可以赞天地之化育，就是可以帮助和促进自然规律，而不是去违背或对抗自然规律，是用人的善心和诚意去促进、帮助天地之化育，生生不息的一种道，如果可以跟人道和天道相同相通、身心相映，人就可以与上天和大地相等为三，就是天、地、人的三重鼎足并列，这是多高的境界。反过来说，如果人是虚伪的，人是骄奢淫意的，人类不知天高地厚，要违背自然规律，那么所行的恶行、暴行和反规律之行，做得越多，他的罪恶就越加深厚，只有顺其天、顺其地、顺其万事万物规律的人，掌握了万事万物规律的人，才是一个真正懂得真理的人。

　　《中庸》第二十二章认为,真诚者只有首先对自己真诚,然后才能对全人类真诚,真诚可使自己立于与天地并列为三的不朽地位,可见真诚的功用之大。

第九章　至诚通天

其此致曲,曲能有诚,诚则形,形则著,著则明,明则动,动则变,变则化。唯天下至诚为能化。

"其此致曲",不是说每一个人都是圣人,次于圣人的人也可以做到的,那种人叫做贤人,贤惠的"贤",贤能的"贤"。"曲能有诚,诚则形,形则著,著则明,明则动,动则变,变则化",不是方方面面所有的事情你都能做到诚,只要有一个人性的德行方面做到诚,就可以从你的仪态上表现出来,如果做的是大事,虚伪也可以从你脸上和神态上体现出来。当表现出善的诚意的时候,它就会发扬光大,它就会表现出一种人性的人格的光辉,有了这种光辉,就能处处动人,就能让别人体验到你的光辉,动人就能改变自己他人和社会,改变就能够使天下都能够认识到榜样的力量。这就是说,从小的地方做起,不要求方方面面都是像圣人一样,也不要求所有方面都达到了诚,但是在关键的方面必须要诚,这样就会使你的善体现出来,使你的诚感化他人,从而使得天下都为之化。"唯天下至诚为能化",只有普天之下达到至诚的那种人,才能够去化育万物,化育他人,当然也是化育自己。

《中庸》第二十三章提出了大家可以做到的标准,只要通过努力,人人都可以成为君子、成为贤人,经过加倍的努力就可能做到圣人。

至诚之道,可以前知。

"前知",就是事情还没有发生,你就依稀知道它的端倪,恶的东西还没有来临,你就知道征兆,善的吉祥的事情还没有光临,你喜悦的心已经先行迎接了它的光辉。《中庸》认为,你有了最诚实的心,就可以感知未来,有了诚心诚意,就能够先行看到未来发生的事情。不能简单说这是迷信吗,如果一个人德行有亏,满心都是虚伪,很难让别人认为他是一个白

玉无暇的人，所以可以提前预防。如果一个人说的每一句话都是真实的，他心里想的每一个东西都没有私利，没有过多的占为己有的欲望，就能够透过现象看本质，通过今天看明天，通过当代看未来。人就是这样，你越是需要虚名、假名、伪善之类的东西，反而路人皆之，当一个人诚恳地坦承自己无知，他反而有知，反而大知，这就叫做智慧。

国家将兴，必有桢祥。国家将亡，必有妖孽。见乎蓍龟，动乎四体。

"国家将兴，必有桢祥。国家将亡，必有妖孽。"一个国家要兴旺，必定有瑞祥的端倪或者征兆出现，一个国家要灭亡的时候，必定有妖孽，就是那些猖狂、口出狂言、为富不仁、损人不利己甚至是损国而不利己的人，这就叫做妖孽出现。"见乎蓍龟，动乎四体。"这些东西会表现在占卜所用的蓍草和龟甲上面，当然这是有点封建的做法，不过，不管是占卜，还是行为举止，或者是一些仪态显示出来，都说明一个人只有通过至诚才能够体会到未来，才能觉察到清贫起于秋风之末。

举个例子来说，德高望重的中医为人把脉，他能够通过脉象、脉动体察到这个人的五脏六腑、阴阳协调，靠的就是"诚"，用自己的医术和诚心去为病人把脉，视病人如子，才能够去做这个事情。如果他满肚子想的就是收很高的医疗费，满肚子想的就是赶紧把这些病人打发走以后自己去什么地方去快乐去，他还能够听到脉象、还能够感到病人内心的痛苦吗？那就感受不到了。所以，

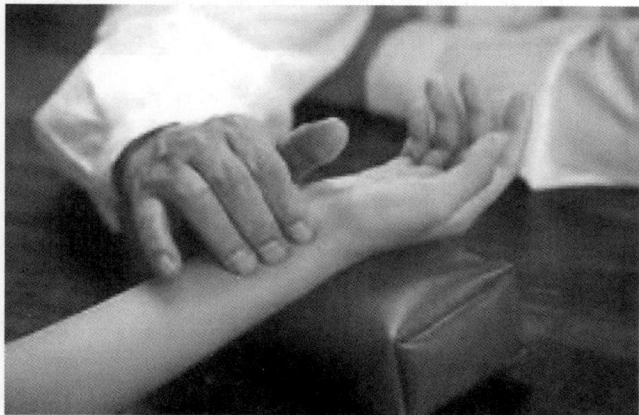

中医把脉

"诚"在任何地方都能显现出来,他的善、他的悲、他的成、他的亡,都能体会到,对人如此,对病人如此,对病国如此,对伟大国家的崛起同样如此。

祸福将至,善,必先知之,不善,必先知之。故至诚如神。

灾祸或幸福将要来的时候,善良的真诚的必先预知到。我们可以看到,每当风雨飘摇、山雨欲来风满楼的时候,那些革命志士、那些忧国忧民的真诚至诚之人能够首先知道,而那些隔江犹唱后庭花的亡国之前的人却完全不知道,所以,有了至诚之道,就有如鬼神在左右,如有如神助,善与不善,他都能够先行知道。

这两章中首先讲述了贤人自明诚,认为贤人通过行、住、明、动、变、化的阶段,同样可以逐步达到圣人的境界,随后通过阐述真诚之道,如神灵般可以预知祸福的功效,提出了至诚如神的理论,充分肯定了"诚"的作用。

诚者自成也,而道自道也。诚者,物之终始,不诚无物,是故君子诚之为贵。

"诚者自成也",诚是一个人的人格的完整,"兴于诗,利于礼,诚于乐"。诚者自成,不是把外在的诚注到您心里去,也不是外在的耳提面命让你获得的,诚是自己完成的,是你自己人格完成的重要部分。"而道自道也",大道是自己运行的,看看天下日月星辰,没有谁在每天去推动它们,它们是在这个宇宙规律当中自己运行。"物之终始,不诚无物,是故君子诚之为贵",古人以天、以自然来比喻人,万物发展贯穿始终,离开了诚实,事物就不存在了,诚实是万物发展的运行规律。想象一下,太阳如果不诚实了,它就不会照样升起,如果海潮不诚实了,潮头就不会涨落,所以诚实是自然的规律。离开了诚实,事物将不存,所以君子圣人以诚实为贵。

诚者,非自成己而已也,所以成物也。成己,仁也;成物,知也。性之德也,合外内之道也,故时措之宜也。

"诚者,非自成己而已也,所以成物也。"这个诚,不是自我完成就行了的事情,还要用来完成事情,不能独善其身而不管天下。也就是说,自我完善还不够,还要兼善天下,这正是儒家思想的可贵之处,历史上那么多仁人志士前赴后继,切实体现着儒家思想的影响。"成己,仁也;成物,知也。"自我完成就是一种仁义,因为你要完成自我,让自己的人格光辉而充满着德行是很难的,而把自身的智慧去光照万物,这是一种更大的德行。"性之德也,合外内之道也,故时措之宜也。"本性的道德的体现会结合主体、客体,即内外的大道,所以实践是最重要的。这里我们能够体会到孟子所说的"大人者,常保不失其赤子之心者也",赤子之心很重要,如果自己的心苍老疲惫,自己的心充满尔虞我诈,自我之心充满着金钱利禄的引诱,他自成都很难,更何谈成天下。

《中庸》第二十五章提出,君子不仅要至诚,更要将诚推及他人,那么"至诚"的意义和功效何在呢?

故至诚无息,不息则久,久则征,征则悠远,悠远则博厚,博厚则高明。

"故至诚无息",所以追求至诚永远不要停止,不要说你合乎规律就行了,即使合乎规律地去做一个事情,但是三天打渔两天晒网,最后也会不了了之,这里谈的是毅力。"不息则久",如果永不止息的追求,你就会长久,就会走得很远,就能走到天涯。"久则征",长久就会验证。"征则悠远,悠远则博厚,博厚则高明",验证了就会越来越悠远,越来越远大,悠远远大就会广博深厚,广博深厚就会崇高光明,光被宇宙。这句话的意思就是说,从小的地方开始,只要不停,就能够走得很远。

博厚,所以载物也。高明,所以覆物也。悠久,所以成物也。博厚配地,高明配天,悠久无疆。如此者,不见而章,不动而变,无为而成。

广博深厚是用来负载万物的呀,崇高光明是覆盖万物的呀,悠远长久是用来成就万物的呀!广博深厚配合大地,崇高光明配合高天,悠远长

久,无边无涯,如此这般,你不用去自己加以表现,就能够彰显你美好的德行,不加运动便变化无穷,而放之四海而皆准,无所作为而无所不为,你就能够成就。其实说明了一点,这一点就是要靠毅力,就是笃行的"笃",在行动当中不断地坚持下去,这样天地万物都能够为之而在你心中,同时天地万物会通过你的毅力和勇毅加以改变。

天地之道,可一言而尽也。其为物不贰,则其生物不测,天地之道,博也,厚也,高也,明也,悠也,久也。

"天地之道,可一言而尽也。"天地自然的道理,可以用一句话来加以揭示或者概括。"其为物不贰,则其生物不测",天地和自然作为存在体,没有二心,所以它化育万物,深不可测,你永远不能够完全把握,这就是"诚"。宇宙的诚就是没有二心,就是一心一意,就是忠心耿耿,就是赤子之心。同时还强调,集小诚而多,而广载万物,你的社会价值和人类宏伟的抱负才能够实现。天地自然是广博的,是深厚的,是崇高的,是光明的,是悠远的,是长久的,"至诚"是没有止息的,天地万物的法则也可以由一个"诚"字来概括。

今夫天,斯昭昭之多,及其无穷也,日月星辰系焉,万物覆焉。今夫地,一撮土之多,及其广厚,载华岳而不重,振河海而不泄,万物载焉。

银河系

就说天吧,你看头顶上一方天空,古人从他的村子里望出去,从那个四合院的小氛围望出去,从一个小山村里望出去,从一个小山沟里望出去,就是那么大的一片天。"斯昭昭之多","昭昭"就是小,小的光明,"昭昭之多"就是无数的小的光明的总和,构成了一个大天。"及其无穷也",当我们头顶那一片天变成一个很大的天的时候,"日月星辰系焉",太阳、月亮、恒星都在里面。"万物覆焉",万类万物都在天之下,天何其大。"今夫地,一撮土之多",再看看地,随手就能抓一撮土,无数的一撮土就构成了我们的地球。"及其广厚,载华岳而不重,振河海而不泄,万物载焉。"等到它广大深厚的时候,承载西岳华山都不感到重,容纳江河大海都不显其小,万物万事承载其上,大地厚德载物。

西岳华山

今夫山,一卷石之多,及其广大,草木生之,禽兽居之,宝藏兴焉。今夫水,一勺之多,及其不测,鼋鼍、蛟龙、鱼鳖生焉,货财殖焉。

你看看山,它就是拳头这么大的石头一块块地累积起来的,及至高大的时候,花草树木生其上,山禽、珍禽、野兽在上面安居,财富宝藏在里面深藏,再看看水,一勺水其实就一滴,及其深不可测的时候,大龟、鳄类、蛟龙、独龙、鱼儿都生息在其间。在古人看来,天、地、山、水都是由小的积聚起来的,换言之,人最终变成圣人,变成君子,变成贤人,变成才

人，还是变成小人，都是因为自己的积小成多而构成的，在这个意义上来说，人不可以一天不走向至善，人不可以一次说谎言而违背至诚。

《诗》运："维天之命，於穆不已！"盖曰天之所以为天也。"於乎不显，文王之德之纯！"盖曰文王之所以为文也，纯亦不已。

只有那上天的冥命，庄严而没有止境，上天之所以叫做上天，之所以辉煌高远，那是多么光鲜啊。周文王的大德是那样纯正，就是周文王被尊为文王的道理，庄严没有止境，纯正也没有止境，天无二心，一心一意，周文王这样智慧的君王纯正没有二心，纯正也没有止境。

《中庸》第二十六章继续阐述了"至诚"的功效和意义，说明至诚之道如入神灵一般，可以"见微知著，预知祸福"，君子不仅要自诚，还应将这美德推及他人，只有不断追求至诚才能与天道相配，鼓励人们不断追求至诚与天道相配合，生命不息，真诚不已，这是儒学对修身提出的要求。

第十章　君子的最高境界

《中庸》第二十七章到第三十章进一步讲"圣人之道"、"至诚之道"、"君子之道"。

大哉圣人之道,洋洋乎!发育万物,峻极于天。优优大哉!礼仪三百,威仪三千。

伟大呀,君子圣人的大道啊,洋洋洒洒,广大无边,养育万物,"峻极于天",高啊,高迈啊,"优优大哉",真是优秀而宏大呀。这些都是感叹词,还没有进入思辩的层次。

"礼仪三百,威仪三千",短短八个字,说明周礼分两个部分,大礼有三百条,包括是笄开、兄礼及君礼等。小的礼仪有三千条,包括做人的风度、规范和人的言谈举止的烦琐要求。

待其人而后行。故曰:苟不至德,至道不凝焉,故君子尊德性而道问学,致广大而尽精微,极高明而道中庸,温故而知新,敦厚以崇礼。

"待其人而后行。故曰:苟不至德,至道不凝焉",假如没有至高的德性,要成功做伟大的事业,那是不可能的。"君子尊德性而道问学",君子要做到什么样子呢?对内要尊德性,把自己内在的那种光辉的德性开发出来,对外要好好地去道问学,要努力请教和学习探讨,把自己的内德和外学结合起来。"致广大而尽精微",去追求广大,对宇宙天地万物了然于心,对极其微观的世界、极其小的东西,也要花心思去穷尽它。"极高明而道中庸",在接人待物处事方面要达到极其高明,思维、思辨、明辩极其高明,但在言谈举止上要持中庸之道,不偏不倚。"温故而知新",只有温习过去的经验、教训和财富,才能够知道未来应该怎么做。"敦厚以崇礼",从内到外、从上到下把自己修养成尊崇礼仪的有敦厚德性的君子的形象,要点是展现个性,修养自身。

是故居上不骄,为下不倍,国有道,其言足以兴,国无道,其默足以容,《诗》曰:既明且哲,以保其身。其此之谓与。

"是故居上不骄,为下不倍",这个很简单,作为上级领导,不能骄奢淫逸,作为下级领导或者民众,不能够去背叛,不会去背叛。"国有道,其言足以兴,国无道,其默足以容",儒家传统不是愚忠,不是国有道他也忠、国无道也忠,明君也忠、昏君也忠,而是恰好相反。"国有道",国家清明和谐,万物振兴,百举待兴的时候,"其言足以兴",君子去说话,去施行自己的纲领,使国家振兴起来。"国无道",当国家昏暗无道的时候,"其默足以容",君子不助纣为虐,他以沉默对抗,以沉默表示绝不跟随,他沉默表现出自己的特立独行。君子是作为文化载体、文化传承者和思想者的存在,当政治清明的时候,其言足以兴邦,但是当政治黑暗的时候,他们全身远祸,保持自己独立的人格和自由的精神,这一点是很重要的。《诗经》说:"既明且哲,以保其身,其此之谓与。"既聪明且聪慧,保存自己的身体,保存自己的思想,保存自己的学说,保存自己教学的延续性和弟子的传承性以待来世,说的就是这个道理。

《中庸》第二十七章阐述了三个问题,第一是礼仪和威仪,第二是君子尊德性而道问学, 第三则谈到了国有道和国无道的时候君子的选择,德知养身,明哲保身,这样方能达到至诚之道。

《中庸》二十八章很有意思,说明儒家的思想不是复古。我们总有成见,认为孔子以及后儒都是一些想复辟的怪人,都是一些不可理喻的人,其实不是这样的。

子曰:"愚而好自用,贱而好自专,生乎今之世,反古之道,如此者,灾及其身者也。"

开篇就说出三个不好。"愚而好自用",愚蠢而刚愎自用。愚蠢本应该好好学习,他反而刚愎自用,觉得自己很对、很正确、永远正确,这样的人无药可救。"贱而好自专",卑贱,地位很低,却以为自己重权在握,还要把

自己的权力用尽,永远不给人家提供任何方便,这样的人很可恶。"生乎今之世",生在当代,却要重返古代治国之道。结果是什么呢？"灾及其身者也",灾害随后就来了。"反古之道",就是反而推行古代治国之道,这说明了孔子不是一味尊古,而是要与时俱进。

非天子,不议礼,不制度,不考文,今天下车同轨,书同文,行同伦。虽有其位,苟无其德,不敢作礼乐焉；虽有其德,苟无其位,亦不敢作礼乐焉。

"非天子,不议礼,不制度,不考文",不是天子君王,作为知识分子,作为士这个族群,应该去做自己份内的事情,不能去议定制礼,不能制定法度,考订文字,因为议礼、制度、考文是最顶级的领导去做的,是君王去做的。今天天下车辆已经同轨了,文字已经统一,而且行为也是同一个伦常的关系了,虽然拥有天子的地位,但是没有圣人的德性,你不敢去制定这种礼仪。虽然拥有圣人的那种德行,但是没有天子的地位,你也不敢去做这样的事情的。

子曰:"吾说夏礼,杞不足征也。吾学殷礼,有宋存焉,吾学周礼,今用之,吾从周。"

孔子说:我喜欢夏代的礼仪。"吾说夏礼",这个不读"说",读成"悦",喜悦、喜欢的意思,"夏"夏朝的礼仪,"杞不足征也",后代的杞国不足以证明它的情况,文献不够。"吾学殷礼",我学习殷商的礼,"有宋存焉",那个时候他的后世宋国还存在,还可考辨。但是也不全了。"吾学周礼,今用之,吾从周",关键词出来了,夏是古代,杞是古代,商也是古代,都不选,因为文献不够,很多东西弄不清楚了,即使用了也不一定好,那就用今天天下人都在用的周礼来推行。韩非子也说过类似的话,"世异则事异,事异则备变",时间推移了,事情就不一样了,事情不一样了,你的策略上就要有些变化。孔子还是很与时俱进的,那些认为孔子抱残守缺,企图恢复周礼、恢复古代的东西,反对今天的东西,这种说法是不成立的。其实孔

子所要恢复的周礼,恰好是为了满足当今之用,而不是维护古之道,不能单纯认为孔子是抱残守缺的复古主义者。

儒家强调只有推行"中庸之道",才能做一个合格的君主。要想称王天下,应该从哪几个方面入手呢?

王天下有三重焉,其寡过矣乎;上焉者,虽善无征,无征不信,不信民弗从。下焉着,虽善不尊,不尊不信,不信民弗从。

统治天下有三重境界。上古的时候虽然很好,但无从证明,如果无从证明就得不到信任,百姓就不会顺从,这是第一重,就是说再好的理论,但没有实践的可能性,没有实践的可操作性。后世的时候虽然很好,但是没有崇高的尊位,没有德高望重的高山仰止的德行,没有尊位,得不到信任,老百姓也不顺从,这是第二重。

圣人大道应该怎么做呢?非常重要的第三重"君子之道"出现了。

故君子之道,本诸身,征诸庶民,考诸三王而不谬,建诸天地而不悖,质诸鬼神而无疑,百世以俟圣人而不惑。质诸鬼神而无疑,知天也。百世以俟圣人而不惑,知人也。

君子之道可以分成六条,也叫六个基本原则。"本诸身",从自己做起,从自己本身做起。"征诸庶民",从老百姓身上去验证自己这种思想、观念和纲领是否正确。"考诸三王而不谬",上推去考禹、汤、文王三王,看我做事有没有错误。"建诸天地而不悖",借助天地之间去看合不合乎自然的规律。"质诸鬼神而无疑",质问天地鬼神看有没有疑义,有没有愧对自己内心的地方。"百世以俟圣人而不惑",到百世之后,等待新的圣哲之人来看是否有疑惑。把"天"、"地"、"人"、"神"、"当代"、"后代"、"自我本心"、"老百姓"等从实践到观念的所有的层面都触及到了,这才是真正的君子之道。"质诸鬼神而无疑,知天也,百世以俟圣人而不惑,知人也",让鬼神来考辨都觉得无愧于天,百世圣人来看待我们的纲领也都不会有疑惑,这就叫"知天"、"知人"。

是故君子动而世为天下道,行而世为天下法,言而世为天下则。远之则有望,近之则不厌。

《诗》曰:"在彼无恶,在此无射。庶几夙夜,以永终誉。"君子未有不如此而蚤有誉于天下者也。

圣人就要代天下之人去立言,而且被天下人称道,行为要被天下之人所效仿,语言要被天下人所遵从,这样就会产生高山仰止的感觉,亲近的人也不会厌烦或抛弃他。《诗经》说,在那里没有厌恶,在这里不会嫉妒,白天黑夜都时刻保持自己的名誉,君子从来都是这样的,只要推行了这种法则,君子的名声就可以遍被寰宇,四海之内都能够知道他。

仲尼祖述尧、舜,宪章文、武,上律天时,下袭水土,辟如天地之无不持载,无不覆帱,辟如四时之错行,如日月之代明。

"祖述"是传述、传承相述的意思,孔子把唐尧虞舜的思想、观念、德行以及制度都传承下来。"宪章"就是取法彰显的意思,把周文王、周武王的德行、所做的伟大事情和他们的纲领继承下来。一句话,孔子不是反古,不是愚忠,也不是所有的地方都完全遵循古代,不是把古代的东西一成不变地照搬。古代的好东西要留下来,要吸其精华去其糟粕,绝非抱残

守缺,一丝不变,而是在精神气质上一脉相承,在具体措施上要从善,从当下的实际情况出发,才能把事情做好。

"上律天时,下袭水土",往上要遵循自然的规律,不能违背这些规律,往下要沿袭本土的地理和地缘政治的一些法则,就像那高天厚地,没有什么东西不可以把它承起来的,没有不能覆盖遮挡的。"辟如四时之错行,如日月之代明",譬如是一年四季的交错运行,好像是太阳、月亮的轮流照耀一样,就是真正地把一个伟大的声音、一个伟大的民族的灵魂完全洞察和领悟了,那么他们就像太阳月亮一样,会轮流光耀人间。

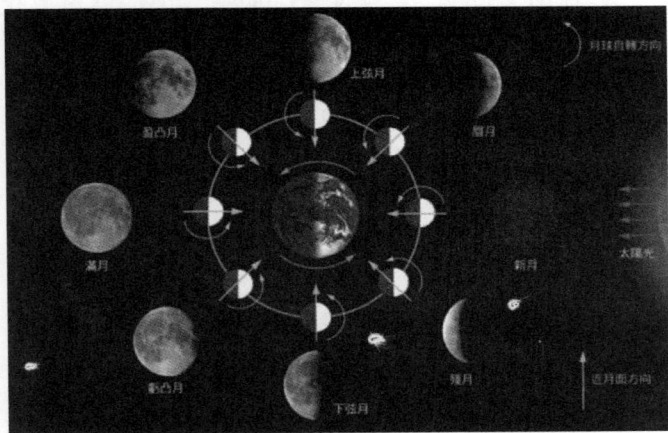

万物并育而不相害,道并行而不相悖,小德川流,大德敦化。此天地之所以为大也。

"万物并育而不相害",不是说只长一种东西,其他都死掉了,不对,天地的万物都可以欣欣向荣,都可以同时生长发育,不是说有了我就没有你。这里要说明一下,过度强调竞争、过度强调斗争、过度强调战争的结果,非并育而互害,背离了儒家的思想。在这个意义上来说,儒家思想是更具有生态的文化思想,"万物并育而不相害","道并行而不相悖","大道周遍适用",就是"道",不是说只有一个,而是能够贯彻到万事万物

当中,普遍性地适用,但却不会互相背离。"小德川流,大德敦化,此天地之所谓大也",微小的道德就犹如江河流水呀,宏大的道德就犹如敦化造化呀,这就是天地自然之所以为大的道理。小小的德行,就像川流不息的江河湖海,润物细无声,养育着万事万物,虽然微小,但是它能深入到广袤大地的方方面面,和大自然同生同息,一脉相承。一句话,不拒绝小,就必定做大,凡是不注意小,就必定要失败。

君子只有修中庸之德,行至诚之道,才能登临绝顶,并将自己的思想、德行传播到更远的地方,这样才是天下为公的真正君子。《中庸》以孔子为典范,盛赞他上宗尧舜,下法文武,与天地并立,并可以化育万物,为后世学者塑造了一个伟大崇高而不朽的形象。

第十一章　君子之道

《中庸》最后的第三十一章到第三十三章,对至圣和君子提出了更高的要求。

唯天下至圣,为能聪明睿知,足以有临也,宽裕温柔,足以有容也,发强刚毅,足以有执也,齐庄中正,足以有敬也,文理密察,足以有别也。

"唯天下至圣,为能聪明睿知,足以有临也",开篇就为最聪明的德行最高的至圣君子提出了五项基本原则。"聪明睿智,足以有临",一个耳聪目明且充满了智慧的人,才可以统治天下,才有能力驾驭天下。"宽裕温柔、足以有容也",广博宽恕,温柔敦厚,才可以包容万事万物。"发强刚毅,足以有执也",峻发自强,刚正不阿,才可以把他的事情做得非常的完善。"齐庄中正,足以有敬也",经常有人误以为破衫布履、披头散发、东倒西歪的样子才有艺术家的气质,这是不对的。"齐"是整齐,是很重要的;"庄"是庄重;"中"是中庸;"正"是立住,很正,不偏不倚。"文理密察,足以有别也不",文章条理周密,而且明察秋毫,这样才可以明辨是非。

溥博渊泉,而时出之,溥博如天,渊泉如渊,见而民莫不敬,言而民莫不信,行而民莫不说。

"溥博渊泉,而时出之,溥博如天,渊泉如渊",圣人道德广博深沉,时时表现于外,广阔得像天空,深沉得像深潭。"见而民莫不敬",这里"见"应该读"现",如果表现出这种崇高伟大的样子,老百姓没有不崇敬你的。"言而民莫不信",有这么高的德行,这么高的威望,你只要说话,老百姓没有不听你的。"行而民莫不说",如果你放之行动的话,老百姓没有不高兴的。

是以声名洋溢乎中国,施及蛮貊,舟车所至,人力所通,天之所覆,地之所载,日月所照,霜露所队,凡有血气者莫不尊亲,故曰配天。

"中国"指中原地带,"蛮貊"是很蛮荒的地方。"舟车所至,人力所通,天之所覆,地之所载,日月所照,霜露所队,凡有血气者莫不尊亲,故曰配天",只要车船能到达的地方,只要有人迹所至的地方,只要天能盖到的地方,只要天上的霜露坠落下来能达到的地方,总之一句话,整个天地之下,整个社会人间,只要你的德行达到那么高了,人们都能感受到你的光辉,感受到你的温暖,感受到你的崇高。你的行为与自然规律和人类社会的规律吻合,人们莫不欢欣鼓舞,唯你是从,所以说圣人的美德可以与天相配。

至圣的五项美德是对君子中的君子的要求,有了上面所说的五项美德,你的名声、你的施政纲领就会被人们所欣然接受,你的伟大的理想就会变成伟大的实践。

唯天下至诚,为能经纶天下之大经,立天下之大本,知天地之化育,夫焉有所倚?

"唯天下至诚,为能经纶天下之大经",唯独普天之下最真诚的至诚之人,才可以统治天下,如果我们推举出来的领袖或者领导人是虚伪的骗子,或者不为老百姓所接受的人,这个国家能治好吗,这个地区能治好吗,这句话现在没有过时,天下最真诚的想为老百姓鞠躬尽瘁去服务的人,才可能把这个地方做好。"立天下之大本",他才可能树立普天之下的根本的原则。"知天地之化育",才可以认识天

地自然的规律而生养万物。经纶天下、立天下之大本和知天地之化育,这三项伟大的实践都必须是至诚的,除了"诚",没有任何人可以做到。

肫肫其仁,渊渊其渊,浩浩其天,苟不固聪明圣知达天德者,其熟能知之?

"肫肫其仁,渊渊其渊,浩浩其天",真诚诚恳的样子表现出他的仁爱,他的思虑像池水一样深,他的美德像天一样高。"苟不固聪明圣人知达天德者,其熟能知之",如果不是耳聪目明有德行的圣哲之人,有谁能够知道他的伟大呢?伟人也需要知音,需要人民拥戴他,伟人离开了人民的支持,肯定不行,人民如果没有自己伟大的领袖,没有自己能推举出至诚的君子来为自己服务,成为自己的思想的领头羊,这个国家也是治不好的。

《中庸》第三十一章阐述"至圣之道",提出了至圣所必须具备的五种美德,同时热情赞美至圣之道,高可齐天,深可入渊,民众无不对之心悦诚服。第三十二章则继续论述了"至诚之道"的本质及功用,再次重申了"诚"作为《中庸》全篇核心思想的重要意义。

《诗》曰:"衣锦尚絅。"恶其文之著也,故君子之道,暗然而日章,小人之道,的然而日亡。君子之道,淡而不厌,简而文,温而理,知远之近,知风之自,知微之显,可与入德矣。

"衣锦尚絅","絅"是麻衣,"衣锦"就是穿着很华丽的丝绸。华丽的丝绸外面要罩上一件麻衣,这是什么意思呢?这是道德的象征,即使你的道德非常辉煌,光芒四射,但你还要收敛,你要谦虚,你要掩藏自己的光芒,让人们看着你就很朴素,很自然,而不是故做辉煌,做出一副天地都很难容的那种伟大的状态,那就叫作秀了。"衣锦尚絅"这四个字是非常重要的,因为人们会厌恶它的文彩太耀眼了,所以要加以遮盖。"君子之道,暗然而日章",圣人君子的大道暗然深藏却日渐彰显,他的道行从表面上看,就像穿了一件麻衣一样,看不出什么伟大和辉煌来,但是一天一天一

天地充实,一天一月一年地提升,最终他会放出万丈光芒出来。"而小人之道,的然而日亡",小人的道很张扬专横,甚至是故意标榜自我,"的然而日亡",却一天天暗淡无光直至消亡。君子之道和小人之道是完全不一样的,"君子之道,淡而不厌,简而文,温而理,知远之近,知风之自,知微之显,可与入德矣。""淡而不厌",就是君子大道恬淡。"简而文",简朴而不失之文雅。"温而理",温厚而又有条理。下面三句很重要,"知远之近",知道人走得有多远,所以他要从小的地方做起。"知风之自",知道教化不是去教育别人,而要从教育自己开始。现在很多人容易望文生义,动辄批评中国的儒家或中国的文化思想总是喜欢去启别人的蒙而不知启自己的蒙。错也!儒家最早就是启自己的蒙,"知风之自"的意思就是教化别人要从自己开始。"知微之显",知道细微得看不见的东西会逐渐光大起来,所以他谨慎于小事,小德有亏,今后大事就难成,细节可以决定命运。知道了这三条,"可以入德也",这个人的德行就达到很高的境界了。

《诗》云:"潜虽伏矣,亦孔之昭。"故君子内省不疚,无恶于志,君子之所不可及者,其唯人之所不简乎!

"潜虽伏矣,亦孔之昭,"在水里潜得很深的鱼是若隐若现的,"亦孔之昭"指也可以看见。"故君子内省不疚,无恶于志",君子自我反省而不感到自己内疚,这样就不会愧于自己的心。就像是鱼在深水下,尽管看不太清楚,但还是能看得见的。人在一个地方,千万不要认为别人看不见自己。"君子之所以不

可及者,其唯人之所不见乎",君子之所以不会被别人追赶上,就是因为他在别人看不见的地方也严格要求自己,这就叫慎独。

《诗》云,"相在尔室,尚不愧于屋漏。"故君子不动而敬,不言而信。

《诗》曰:"奏假无言,时靡有争。"是故君子不赏而民劝,不怒而民威于鈇钺。

"相在尔室,尚不愧于屋漏","相"是注视,有很多双眼睛在你的房间里看着你,你不要有愧于神明。"屋漏"就是在屋子的西北角,在哪里设一个小账,里面搁一个神像,这句话是说要经得起神明的盯视。"故君子不动而敬,不言而信",所以君子不用动作便有虔诚敬重之心,不说话先有诚意,老实人虽然暂时吃亏,但最终他会赢的,因为他的至诚会使他变为一个真正成功的人。《诗经》上说,祭祀祷告的时候不用语言,这时不要争议,因为话多反而丧失了真心,因此圣人君子不需要去奖赏,百姓和他的朋友们自会去努力勤勉地做事,不必动怒,但是百姓们都觉得比苛严的法律和刑法还要厉害。

《诗》曰:"不显惟德,百辟其刑之。"是故君子笃恭而天下平。

《诗》云:"予怀明德,不大声以色。"子曰:"声色之于以话民,末也。"

"不显惟德,百辟其刑之",异常昭显的是大德,很多诸侯都来效法他。"是故君子笃恭而天下平",君子只需要坚持"温"、"良"、"恭"、"俭"、"让",天下自然就平静了。"予怀明德,不大声以色",我胸怀着光明大德,不必厉声地去训诫别人。子曰:"声色之于以话民,末也。"孔子也说,厉声厉色对教化百姓来说是本末倒置的"末"。

《诗》曰:"德辅如毛。"毛犹有伦。"上天之载,无声无臭。"至矣!

《诗经》说,德行轻轻好像羽毛,羽毛还有形可以去比,而苍天化育的事情无声无臭,伟大的自然所载万物一点声音都没有,甚至闻不到它的气息,至矣,太高了。

《中庸》第三十三章是全书的结尾,重在强调德行的实施,从天理到

人道，从"知"到"行"，从"理论"到"实践"，从"君子笃实恭敬"到"天下太平"，既呼应《大学》的人生进修阶梯，又对《中庸》全篇的宗旨加以概括。至此全书结束。

《中庸》是《四书》中最重要的著作，分三十三章，书中史论结合，事实和个体身心、外在事物、天地大道相结合，纵横交错，各有精采。尽管肯定有很迂腐或很不合时宜的话，需要加以甄别和批判，但更要注意其中精彩高远的和西方不一样的东方智慧，具体表现为以下十点。

第一，"天命之谓性"、"率性之谓道"、"修道之谓教"。开篇谈到了"性"、"道"和"教"，从天地自然谈到了人的教化，可见"中庸之道"最终要落实在"人之教"。"人之教"是要慎独，慎独就要至"中和"，"中和"一旦达到了，天地为焉，万物育焉，这样才可以自自然然地按照秩序来发展，可以说是记述古代的秩序或者可持续发展。

第二，"君子中庸，小人反中庸"。君子中庸，不偏不倚，坚持自己的理念，行为合乎度；小人反中庸，非常专横跋扈、偏激暴烈极端，所达到的事情往往是坏事情。我们今天提倡建设性的对话，提倡可持续的发展，其中不难看到《中庸》的影子。

第三，"天下国家可均也"、"爵禄可辞也"、"白刃可蹈也"，"中庸不可能也"。国家可以治理得很好，爵禄可以不要，可以慷慨就义，这些要做到固然很难，但是相对中庸而言，都还算是容易的，而中庸不可能也。

第四，"君子常乐"。因为君子"上不忧天，下不忧人"，君子从责成自己开始，不推诿，不把自己所有的缺点推给别人，知道自己每天都在进步，所以君子快乐。

第五，"君子不拒绝小事"，"行远比自迩"，"登高必自卑"。小的东西恰好是上云端的最重要的过程，没有它的话，我们终将留在原地。

第六，君子"博学之"，"慎问之"，"慎思之"，"明辨之"，还要加上"笃

行之"。前面的"学"、"问"、"明"、"辨"的都是知识,而"笃行"才可以把自己的知识变成实践。

第七,"君子尊德行而道问学","致广大而尽精微","极高明而道中庸","温故而知新","敦厚而崇礼"。君子既启发自己内在的德行,又在外边发扬;自己的求知和探索精神,既达到最广大的高远的追问,又做最精细的探索,既达到了最高明的思辨,又达到了极中庸的为人处事,这样的人才可以称为君子。

第八,"君子不愚忠,国有道,其言足以兴,国无道,其默足以容。"君子保存自己,让薪火相传万年,把自己的学问传下去。

第九,"君子与时俱进,绝不固守过去。"孔子说,在"夏"、"商"、"周"三朝中,"吾从周",其实就是指按照当代的东西来做,绝不固守过去。

第十,"诚"。君子达到至诚,则无敌天下。在当今这个全球化时代,西方人想用西方的思想统率全球,想把全球同质化,东方人也应该发出自己的声音,继承自己的精神遗产,让这个世界不光有西方的法律精神,还要有东方的德教精神。中国人在科技、军事、经济、文化的崛起必须立足于自己立根的土地,从自己的原点上崛起,这才是真正的和平崛起。人类的未来不能由单方面说了算,它应该是由全世界最聪明睿智的至诚之人说了算。